Pythonで学ぶ やさしい数学

Pythonプログラミングに
役立つ数学の基礎が
わかる!!

日向俊二●著

はじめに

　コンピューターは数を扱うマシンです。文字や画像・映像でさえも、数値として扱います。そのため、コンピューターのプログラミングは、数と関連が深いだけでなく、数学の概念をさまざまなところで利用しています。

　本書では、Python というプログラミング言語を使って数学に関連するプログラミングについてやさしく解説します。主な説明の後には、やさしく解ける問題と、その解答と解説を示すので、知識を確実に身に着けることができます。

　また、本書では、単に問題を解決する方法を示すだけでなく、数式の意味や実社会との関係などについても可能な限り具体的に説明することにも焦点を当てるので、いままでわからなかったことや、意味も分からないまま使っていた式などについて、より深く知ることができるでしょう。

　最近特に脚光を浴びている AI の主要な構成要素である、自然言語処理、エキスパートシステム、画像認識、そして機械学習などには、数学そのものや数学の概念が使われています。本書を通して学習することでそれらの基礎となる数学的な考え方と、数学と AI プログラムとの関係も垣間見ることができます。

本書の表記

>	Windows のコマンドプロンプトを表します。
$	Linux や WSL など UNIX 系 OS のコマンドプロンプトを表します。
>>>	Python の一次プロンプトを表します。
...	Python の二次プロンプトを表します。
()	ひとまとまりの実行可能なコードブロックである関数であることを示します。たとえば、main という関数を表すときに、「main という名前の関数」や「関数 main()」と表記しないで、単に「main()」と表記することがあります。

Italic	そこに具体的な文字や数値、変数、式などが入ることを表します。たとえば「Python *m.n*」は、「Python 3.11」などとなることを表します。また、慣例としてイタリックで表記される集合や確率などを表すときにもイタリック体を使うことがあります。ただし、実行例などリストの場合はイタリックにしません。
Bold	ユーザー（プログラマ）が入力する式や値などであることを表します。
0x*n*	「0x」で始まる表記は 16 進数表現の整数であることを表します。たとえば、0x41 は 10 進数で 65 であることを表します。
0o*n*	「0o」で始まる数値の表記は 8 進数表現の整数であることを表します。たとえば、0o41 は 10 進数で 33 であることを表します。
0b*n*	「0b」で始まる数値の表記は 2 進数表現の整数であることを表します。たとえば、0b0110 は 10 進数で 6 であることを表します。
...	書式の説明において任意の個数を記述できることを示します。
[...]	書式の説明において省略可能であることを示します。
[X]	キーボードのキーを押すことを示します。たとえば、[F5] は F5 キーを押すことを意味します。
[S] + [X]	キーボードの S キーを押したまま X キー押すことを示します。[Ctrl] + [F5] は、Ctrl キーを押したまま F5 キーを押すことを意味します。
Note	本文を補足するような説明や、知っておくとよい話題です。
n/m	分数の表記は $\frac{n}{m}$ と表記する場合と、n/m と表記する場合があります。

ご注意

- 本書の内容は本書執筆時の状態で記述しています。Python のバージョンによっては本書の記述と実際とが異なる結果となる可能性があります。

- 本書は数学の全領域を網羅していあるものではありません。また、Python のすべてのことについて完全に解説するものではありません。必要に応じて他の資料を参照してください。

- 「問題」に対する「解説と解答」で示すプログラムは典型的な例にすぎません。ひとつの目的に対するプログラミングの方法は複数ある場合があるので、本書で示すコードと違っていても問題となっている目的を達成できていれば正解とします。

- 本書のサンプルは、プログラミングを理解するために掲載するものです。実用的なプログラムとして提供するものではありませんので、ユーザーのエラーへの対処やセキュリティー、その他の面で省略してあるところがあります。

本書に関するお問い合わせについて

本書に関するお問い合わせは、sales@cutt.co.jp にメールでご連絡ください。

なお、お問い合わせは本書に記述されている範囲に限らせていただきます。特定の環境や特定の目的に対するお問い合わせ等にはお答えできませんので、あらかじめご了承ください。特に、特定の環境における特定の開発ツールのインストールや設定、使い方、読者固有の環境におけるエラーなどについてご質問いただいてもお答えできませんのでご了承ください。

お問い合わせの際には下記事項を明記してくださいますようお願いいたします。

- 氏名
- 連絡先メールアドレス
- 書名
- 記載ページ
- 問い合わせ内容
- 実行環境

目次

はじめに iii

第1章　はじめての Python ———————————————————— 1

1.1　Python との対話 1
   1.1.1　Python の起動. 1
   1.1.2　プロンプト 4
   1.1.3　単純な計算 4
   1.1.4　文字列の表示 5
   1.1.5　print() を使った出力 6

1.2　スクリプトファイル 8
   1.2.1　ファイルの作成と保存 8
   1.2.2　スクリプトの実行 9
   1.2.3　スクリプトの出力 10

1.3　実行方法の比較 11
   1.3.1　対話モード 11
   1.3.2　スクリプトファイル 12

第2章　数と文字列 ———————————————————————— 13

2.1　整数 13
   2.1.1　整数の表現 13
   2.1.2　10 進数以外の数表現. 15
   2.1.3　真偽値 18

2.2　実数と複素数 18
   2.2.1　実数の表現 19
   2.2.2　浮動小数点数 20
   2.2.3　複素数 20

2.3 文字列と数 21
    2.3.1 値の入力 21
    2.3.2 文字列の数値への変換 23

2.4 数の 2 進数表現 28
    2.4.1 整数 28
    2.4.2 実数 28

2.5 リストとタプル 30
    2.5.1 リストと配列 30
    2.5.2 数値のリスト 30
    2.5.3 文字列のリスト 32
    2.5.4 混在リスト 33
    2.5.5 タプル 35

第 3 章 基本的な計算   37

3.1 四則計算 37
    3.1.1 足し算 37
    3.1.2 引き算 39
    3.1.3 かけ算 40
    3.1.4 割り算 40
    3.1.5 べき乗 41

3.2 ビットの演算 42
    3.2.1 左シフト演算 42
    3.2.2 右シフト演算 43
    3.2.3 論理積 44
    3.2.4 論理和 44
    3.2.5 排他的論理和 45
    3.2.6 反転 45

3.3 値の比較 46
    3.3.1 比較と条件判断 46
    3.3.2 比較演算子 48

3.4 数値計算上の問題 51
    3.4.1 ゼロによる割り算 51
    3.4.2 誤差 52
    3.4.3 実数の比較 54
    3.4.4 無限小数 55

第4章　文字式と方程式　　　　　　　　　　　　　　　　　　　57

4.1　文字式 57
    4.1.1　文字式の決まり 57
    4.1.2　不等式 58

4.2　式の操作 58
    4.2.1　式の展開 58
    4.2.2　因数分解 61

4.3　方程式 63
    4.3.1　一次方程式 63
    4.3.2　二次方程式 64
    4.3.3　高次方程式 66

4.4　連立方程式 66
    4.4.1　連立方程式 66
    4.4.2　Python の解法 67

第5章　関数の基礎　　　　　　　　　　　　　　　　　　　　　71

5.1　数学と Python の関数 71
    5.1.1　数学の関数 71
    5.1.2　Python の関数 72

5.2　関数のグラフ 75
    5.2.1　関数とグラフ 75

5.3　組み込み関数 79
    5.3.1　Python の組み込み関数 79

5.4　外部モジュール 82
    5.4.1　モジュールとパッケージ 82
    5.4.2　外部モジュールの関数 82
    5.4.3　定数 84

第6章　基本的な関数　　　　　　　　　　　　　　　　　　　　87

6.1　一次関数 87
    6.1.1　一次関数のかたち 87
    6.1.2　一次関数の x と y の値 89
    6.1.3　平行 91
    6.1.4　直交 93
    6.1.5　交差 95

6.2 二次関数 97
   6.2.1 二次関数のかたち 97
   6.2.2 係数を変えた放物線 98
   6.2.3 負の曲線 102
6.3 高次関数 103
   6.3.1 高次関数のかたち 103

第 7 章 三角関数   **107**
7.1 基礎知識 107
   7.1.1 円周率 107
   7.1.2 弧度法 108
7.2 三角関数 111
   7.2.1 sin と cos 111
   7.2.2 tan 113
   7.2.3 逆関数 113
7.3 三角関数のグラフ 114
   7.3.1 sin のグラフ 114
   7.3.2 tan のグラフ 117

第 8 章 空間と位置   **121**
8.1 位置と座標 121
   8.1.1 二次元空間 121
   8.1.2 三次元空間 122
8.2 二点間の距離 122
   8.2.1 二次元空間の距離 122
   8.2.2 三次元空間の距離 125
8.3 ベクトル 125
   8.3.1 ベクトルの基礎 126
   8.3.2 位置ベクトル 128
   8.3.3 ベクトルの演算 129

第 9 章 数列と行列   **133**
9.1 数列 133
   9.1.1 等差数列 133
   9.1.2 等比数列 134

9.2 行列 136

    9.2.1 行列 136

    9.2.2 行列とベクトル 137

    9.2.3 単位行列 137

    9.2.4 行列の演算 137

    9.2.5 逆行列 140

9.3 ベクトルと行列の利用 142

    9.3.1 連立方程式の解法 142

    9.3.2 座標の移動 144

    9.3.3 座標の回転 146

    9.3.4 三次元の空間での回転 148

第10章 微分と積分   151

10.1 微分 151

    10.1.1 関数と微分 151

    10.1.2 関数と接線の描画 153

    10.1.3 Python で導関数を求める 155

    10.1.4 関数と導関数の描画 156

10.2 積分 159

    10.2.1 定積分 159

    10.2.2 不定積分 159

    10.2.3 微分と積分の関係 161

第11章 集合、確率、統計   163

11.1 集合 163

    11.1.1 集合と要素 163

    11.1.2 部分集合 164

    11.1.3 積集合 165

    11.1.4 和集合と差集合 165

    11.1.5 対称差と空集合 166

11.2 確率 167

    11.2.1 確率の基礎 167

    11.2.2 確率の和と積 168

    11.2.3 確率の積 170

    11.2.4 期待値 170

11.3 統計 172

    11.3.1 データ 172

11.3.2 基本的な統計値 173
11.3.3 データの散らばり 176
11.3.4 ヒストグラム 178
11.3.5 散布図 180
11.3.6 正規分布 181
11.3.7 偏差値 184

第 12 章　AI への導入　187

12.1　予測 187
12.1.1 直線回帰 187
12.1.2 回帰曲線 191
12.1.3 多項式回帰 193
12.2　AI と数学 199
12.2.1 数学で得られること 199
12.2.2 データとアルゴリズム 200

付録 A　Python のインストールと環境設定　201

A.1　Python のバージョン 201
A.2　Python のインストール 202
A.3　環境設定 202
A.4　パッケージの追加インストール 203
A.5　ウェブサイト 204
A.6　パッケージとツール 206

付録 B　トラブルシューティング　211

B.1　Python の起動 211
B.2　Python 実行時のトラブル 212

付録 C　参考資料　215

索引 217

第1章

はじめてのPython

　Python のプログラムの主な実行方法には、2 種類あります。ひとつは、Python の対話モードで実行する方法、もうひとつは、Python のプログラムファイル（スクリプトファイル）を作成して実行する方法です。この章では簡単なプログラムの実行のしかたを学びます。

　Python のプログラムの実行方法について良く知っている場合は、この章は飛ばして第 2 章に進んでもかまいません。

1.1　Python との対話

　ここでは対話モードで Python を使い始めるために必要なことを説明します。Python のインストールについては付録 A を参照してください。

1.1.1　Python の起動

Python を対話モードで起動する方法は複数あります。

- Python のアイコンがデスクトップにある場合は Python のアイコンをクリックします。
- （Windows の場合）スタートパネル（**図 1.1**）やアプリのリストまたはスタートメニュー（**図 1.2**）から、「Python $X.Y$」→「Python $X.Y$」を選択してクリックします（$X.Y$ には具体的な Python のバージョン番号が入ります）。

図 1.1　Windows 11 のスタートパネルの例

図 1.2　Windows 10 のスタートメニューの例

Python のバージョンによっては、「Python $X.Y$」→「Python(command line)」を選択してクリックします。

- （Windows の場合）「検索」フィールドに python と入力して Python を探すこともできます。
- Python のアイコンが見当たらない場合は、コマンドプロンプトや PowerShell などのプロンプトから「python」と入力して Python の対話モードを起動することもできます（**図 1.3**）。

図 1.3　コマンドプロンプトで Python の対話モードを起動した様子

Note　システムによっては、「python」の代わりに「python3」や「python3.7」などバージョ
ンを含めた名前を入力します。また、「py」、「bpython」、「bpython3」などで Python
を起動できる場合もあります。さらに、コンソールから idle と入力して Python を使う
ことができる場合もあります（インストールする環境と Python のバージョンによって
異なります）。

　Python が起動すると、Python のメッセージと一次プロンプトと呼ばれる「>>>」が表示さ
れます。これが Python の（対話モードの）プロンプトです。

```
>python
Python 3.11.1 (tags/v3.11.1:a7a450f, Dec 6 2022, 19:58:39) [MSC v.1934 64 bit (AMD64)] on
win32
Type "help", "copyright", "credits" or "license" for more information.
>>>
```

　これは Windows で Python 3.11.1 を起動した場合の例です。表示されるバージョン番号や
そのあとの情報（Python をコンパイルしたコンパイラやプラットフォームの名前など）は、
この例と違っていても構いません。
　Linux なら、たとえば次のように表示されることがあります。

```
$ python3
Python 3.10.6 (main, Mar 10 2023, 10:55:28) [GCC 11.3.0] on linux
Type "help", "copyright", "credits" or "license" for more information.
>>>
```

　いずれにしても、「Type "help", …for more information.」を含む Python のメッセージと
プロンプト（>>>）が表示されれば、対話モードが起動したことがわかります。

何かうまくいかない場合は、付録 A「Python のインストールと環境設定」や付録 B「トラブルシューティング」を参照してください。なお、本書では Python 3.7 以降のバージョンを使うことを前提としています。

1.1.2　プロンプト

Python の対話モードでは、入力された Python の命令や式などを 1 行ずつ読み込んで、その結果を必要に応じて出力します。**プロンプト**は、入力を受け付けられる状態になった環境が、そのことをユーザー（プログラマ）に示して入力を促すために表示します。プロンプトに対して命令や計算式などを入力することで、後で説明するようなさまざまなことを行うことができます。

Python を使っているときには、OS（コマンドウィンドウ、ターミナルウィンドウなど）のプロンプトである「>」や「#」、「$」などと、Python のプロンプトである「>>>」を使います。この 2 種類のプロンプトは役割が異なるので区別してください。

1.1.3　単純な計算

最初に Python で計算をしてみましょう。Python のプロンプトに対して、2 + 3 Enter と入力してみます。

```
>>> 2+3
5
>>>
```

上に示したように、2 + 3 の結果である 5 が表示されたあとで、新しいプロンプトが表示されるはずです（以降の例では、結果の後に表示される>>>は省略します）。

Note Web ブラウザや IDE のようなツールを使ってプログラムを実行するときには、プログラムコードを入力するための入力フィールドにコードを入力して、プログラムを実行するためのメニューコマンドやボタンをクリックします。なお、Web ブラウザや IDE を使う実行環境で実行するときには、「print(2+3)」のように print() を使わないと結果が出力されない場合があります。

引き算や掛け算、割り算を行うこともできます。引き算の記号は「-」（マイナス）ですが、掛け算の記号は数学と違って「*」（アスタリスク）、割り算の記号は「/」（スラッシュ）です。以下に、いくつかの式を続けて入力した様子を示します。

```
>>> 12-5                          # 引き算の例
7
>>> 6*7                           # 掛け算の例
42
>>> 8/2                           # 割り算の例
4.0
>>> 123.45*(2+7.5)-12.5/3         # 複雑な式もOK
1168.6083333333333
```

> **Note** Python のコードで # よりあとはコメント（注釈）とみなされます。コメントはプログラムの実行に影響を与えません。実行結果を確認するだけであれば、上記の # 以降を入力する必要はありません。

Python の対話モードを終了するときには、プロンプトに対して exit()、または、quit() を入力します。

```
>>> exit()
（または）
>>> quit()
```

プログラムが無限ループに入るなどしてこれらの入力を受け付けない状態になったときには、Windows では Ctrl + Z + Enter を実行してみてください。Linux のような UNIX 系 OS では Ctrl + D を実行してみてください。

1.1.4 文字列の表示

C 言語の最初の解説書である『プログラミング言語 C』以来、プログラミングの最初のステップは伝統的に「Hello world!」と表示するコードを示すことになっています。ここでは Python で文字列を表示する方法を説明します。

Python の対話モードでは、単に「'」（アポストロフィ）で囲った文字列を入力しても、入力した文字列が出力されます。

```
>>> 'Hello, Python!'
'Hello, Python!'
```

文字列を「'」で囲まないで次のようにすると、エラーになってしまいます。

```
>>> Hello, Python!
  File "<stdin>", line 1
    Hello, Python!
                 ^
SyntaxError: invalid syntax
```

これは、文字列「Hello, Python!」の最後の「!」という文字が文法的に間違っている（syntax error）ということを表しています。

文字列「Hello, Python!」の最後の!を除いて次のようにしてもエラーになります。

```
>>> Hello, Python
Traceback (most recent call last):
  File "<stdin>", line 1, in <module>
NameError: name 'Hello' is not defined
```

これは、「Hello, Python」の Hello の部分を変数とみなして出力しようとしたものの、Hello の値が定義されていない（not defined）ということを表しています。

文字列を出力するときには、文字列の前後を「'」で囲むのを忘れないようにしましょう。

Note　文字列を「'」で囲む代わりに「"」（引用符）で囲んでもかまいません。

```
>>> "Hello, Python!"
'Hello, Python!'
```

1.1.5　print() を使った出力

電卓のように式の値を計算して表示したり、文字列をそのまま表示するのではなく、「プログラムコードを実行した」と感じられることをやってみましょう。

値を出力するために、Python には print() が定義されています。

ここでは「Hello, Python!」と出力するプログラムコード「print ('Hello, Python!')」を実行してみましょう。プログラムの意味はあとで考えることにします。

```
>>> print ('Hello, Python!')
Hello, Python!
>>>
```

　入力したプログラムコードは「print('Hello, Python!')」です。次の行の「Hello, Python!」は、プログラムコードを実行した結果として Python が出力した情報です。

　「print ('Hello, Python!')」の「print」は、そのあとのかっこ () の内容を出力する命令です。

> **Note**　「print()」のような何らかの結果をもたらす命令を関数といいます。関数についてはあとの章で説明します。

　出力する内容は「Hello, Python!」なのですが、これが文字列であることを Python に知らせるために、「'」または「"」で囲みます。

```
>>> print ("Hello, Python!")
Hello, Python!
>>>
```

　同じようにして、計算式を出力することもできます。

```
>>> print (2*3+4*5)
26
>>>
```

　今度は文字列ではなく式を計算した結果である数値を出力したので、かっこの中を「'」や「"」で囲っていないことに注意してください。

　print() を使う場合と使わない場合で結果がまったく同じであるわけではありません。「print ('Hello, Python!')」を実行すると、「'」で囲まれていない「Hello, Python!」という文字列だけが出力されます。

```
>>> print ('Hello, Python!')
Hello, Python!
```

　これは単に「Hello, Python!」という文字列を出力したことを表しています。

　一方、>>>に対して print() を使わないで「'Hello, Python!'」と入力すると、「'Hello, Python!'」のように「'」で囲まれた文字列が出力されます。

```
>>> 'Hello, Python!'
'Hello, Python!'
```

　これは、Python が値を出力するときに、それが文字列であることを「'」で囲って示すためです。

[問題]　あなたの BMI を計算してみましょう。BMI は次の式で計算します。

$$\text{BMI} = \frac{体重}{身長 \times 身長}$$

　体重は kg 単位、身長は m 単位です。

[解説と解答]　身長が 1.72 m で体重が 58 kg の場合、Python の対話モードで次のように計算します。

```
>>> 58.0 / (1.72 * 1.72)
19.60519199567334
```

[終]

　次に進む前に、Python のプロンプトに対して「exit()」または「quit()」を入力して対話モードをいったん終了し、OS のコマンドプロンプトに戻ります。

1.2　スクリプトファイル

　Python のプログラムは、対話モードで入力しながら実行するほかに、ファイルに保存しておいたコードを実行することもできます。

1.2.1　ファイルの作成と保存

　次の 1 行だけのプログラムのファイル（スクリプトファイル）を作成してみましょう。コードをテキストエディタに入力した様子を**図 1.4**、**図 1.5** に示します。

```
print ('Hello, Python!')
```

図 1.4　Windows のメモ帳で編集した例

図 1.5　gedit で編集した例

　そして、これを hello.py というファイル名で保存します。こうしてできたファイルが Python のプログラムファイルであり、スクリプトファイルともいいます。

> **Note**　Windows のようなデフォルトではファイルの拡張子が表示されないシステムの場合、ファイルの拡張子が表示されるように設定してください。また、自動的に txt のような拡張子が付けられるエディタでは、hello.txt や hello.py.txt というファイル名にならないように注意する必要があります。

　ファイルを保存する場所には注意を払う必要があります。あとで.py ファイルを容易に（パスを指定しないで）実行できるようにするには、適切なディレクトリを用意してからそこに保存するとよいでしょう。

　Windows ならば、c:¥mathpyex¥ch01 といったフォルダーを作って、そこに保存します。Linux などの UNIX 系 OS ならば、ユーザーのホームディレクトリ以下に mathpyex/ch01 といったディレクトリを作って、そこに保存します。

1.2.2　スクリプトの実行

　次に、作成したスクリプト（Python のプログラムファイル）を実行してみます。
　まず、コマンドプロンプトや PowerShell などを開き、プロンプト（>、$、% など）が表示さ

れているようにします。

　スクリプトファイルを¥mathpyex¥ch01 に保存したのであれば、コマンドラインで「cd ¥mathpyex¥ch01」を実行してカレントディレクトリを変更します。そして、プロンプトに対して「python hello.py」と入力してください。

Note　「python hello.py」の「python」の部分は、インストールされている Python の種類によって「python3」、「py」、「python3.10」などに変えます。

　プログラムが実行されて、次のように結果の文字列「Hello, Python!」が表示されるはずです。

```
>python hello.py
Hello, Python!
```

　パスを指定して実行するなら、次のようにします。

```
>python c:¥mypython¥ch01¥hello.py
Hello, Python!
```

1.2.3　スクリプトの出力

　対話モードでの実行と違って、スクリプトファイルを実行するときには print() を使わないと何も出力されません。たとえば、次のような内容のファイルを作って実行しても何も起きません。

```
'Hello, Python!'
```

　これは、対話モードでは、コードが入力されるたびにその実行結果が出力（表示）されるのに対して、スクリプトファイルの実行では、print() を使うなどして明示的に命令しないと値が出力されないからです。

　数値計算などでも同じです。対話モードでは、単に「2+3」と入力するだけで「5」という結果が出力されました。しかし、スクリプトファイルの実行で同じ出力結果を得るには、次のようなスクリプトを作成する必要があります。

```
print(2+3)
```

[**問題**]　あなたの BMI を計算するスクリプトファイルを作成して実行してみましょう。BMI は最初の問題に示した通りです。体重は kg 単位、身長は m 単位である点に注意しましょう。

[**解説と解答**]　身長が 1.72 m で体重が 58 kg の場合、次のような Python のスクリプトファイルを作成します。

リスト 1.1　mybmi.py

```
h = 1.72
w = 58.0
bmi = w / (h * h)
print('BMI=', bmi)
```

　上の例では、身長を変数 h に、体重を変数 w に保存して BMI を計算した結果を変数 bmi に保存しています。そして、print() で'BMI=' という文字列と bmi の値を出力しています。Python の print() では、カンマ（,）で区切って複数の値（文字列もひとつの値です）を連続して出力することができます。

　スクリプトファイルができたら、OS のコマンドからスクリプトファイルを実行します。

```
>python mybmi.py
BMI= 19.60519199567334
```

[終]

1.3　実行方法の比較

　ここでは、Python の対話モードでコードを実行する方法と、スクリプトファイルのコードを実行する方法を比較します。

1.3.1　対話モード

　対話モードで Python のプロンプト（>>>）に対してコードを入力して実行する方法には次のような特徴があります。

- 短いコードを手軽に実行するときに適しています。
- >>> に対してプログラムを入力するごとに結果やエラーなどが表示されます。
- 途中経過を容易に見ることができます。

1.3.2　スクリプトファイル

Python のプログラムコードをファイルに記述して、ファイルのコードを実行する方法には次のような特徴があります。

- 比較的大規模なプログラムに適しています。
- プログラムをファイルに保存しておくことができます。
- 同じプログラムを容易に何度も実行することができます。
- グラフィックスや GUI を扱うプログラム（メニューやコマンドボタンなどがあるプログラム）に適しています。

第2章

数と文字列

この章では、数（整数や実数）や文字列のような基本的なことを学びます。なお、プログラミングでは、「値」は必ずしも数値とは限りません。文字列やその他の表現も広義の値とみなします。

2.1 整数

初歩の算数では整数と実数の違いをあまり意識しませんが、コンピューターでは一般的には整数と実数を厳密に区別して扱います。また、文字列の'123'と数値の123はコンピューターでは厳密に区別します。

Python では、その違いを意識しないで扱える場合と、厳密に区別しなければならない場合があります。

2.1.1 整数の表現

最初に数学で使う最も基本的な数である10進数からみてみましょう。

Python は、1 や 256 のような小数点以下の数がない数を、**整数**（integer）として表すことができます。「整数は 1 や 256 のような小数点以下の数がない数です」と言わないことには理由がありますが、その理由はおいおい解明することにして、ここでは単純な式から見て行きましょう。

すでに第1章でもやったように、Python のプロンプト（>>>）に対して次のように入力することで整数の計算ができます。

```
>>> 2+3
5
```

　変数という値を保存できるものに値を代入してから加算することもできます。たとえば、a という名前の変数に整数値 10 を保存するときには、次のようにします。

```
a = 10
```

　なお、ここで「a=10」ではなくスペースを入れて「a = 10」としているのは見やすくするためです。スペースは入れても入れなくても構いません。

　算数の式では 2 + 10 = 12 のようにイコール（＝）の左辺の結果を右辺に書きますが、コンピューターでは「a = 10」のようにイコールの右辺の値を左辺の変数に保存するという点にも注意が必要です。

　次の例は、a という変数に整数 10 を保存し、変数 b に整数 7 を保存して、式 a + b の結果を出力する Python のコードの例です。

```
>>> a = 10
>>> b = 7
>>> a + b
17
```

　Python の対話モードのように計算した値が自動的に表示される環境ではなく、ウェブサイトやツールの中でコードを実行するような場合やスクリプトファイルで実行する場合は、結果を出力するために print() を使う必要があります。

リスト 2.1　aplusb.py

```
a = 10
b = 7
print(a + b)
```

　なお、この段階で変数 a には 10、変数 b には 7 という値が保存されているので、Python の対話モードでは、次のように単に変数名を入力することで変数の現在の値を表示することができます。

```
>>> a
10
>>> b
7
```

　スクリプトファイルで変数 a や b に保存されている値を出力するときには、print(a) や print(b) などとします。

　引き算や掛け算、割り算を行うこともできます。計算にはこのようないくつかの注意すべき点があり、第 3 章で学習します。

[問題]　ふたつの変数 a と b に整数値を保存し、その商と余りを求めましょう。

[解説と解答]　変数 a と b に保存する整数値は任意の値でかまいませんが、ここでは 9 と 5 を保存してみましょう。そして、演算子「//」で商を、演算子「%」で余りを求めます。

```
>>> a = 9
>>> b = 5
>>> a // b
1
>>> a % b
4
```

　この結果より、9 を 5 で割る整数の除算の商は 1、余りは 4 です。　　　　　　　　　　　[終]

2.1.2　10 進数以外の数表現

　数は 10 進数以外の方法でも表現することができます。最も少ない数字を使って表現する方法は、0（ゼロ）と 1 だけを使う **2 進数**です。

　10 進数の整数を 2 進数に変換するときには、bin() を使います。次の例は、10 進数 7 を 2 進数に変換する例です。

```
>>> bin(7)
'0b111'
```

　結果は '0b111' ですが、注意するべき点がふたつあります。ひとつは、「'」で囲まれていることからわかるように、この結果は文字列として出力されているという点です。もうひとつは、2 進数の値 111 の前に 0b が付けられていて、これが 2 進数であることを表しているという点です。

　次の例は、整数 −2 を 2 進数に変換する例です。

```
>>> bin(-2)
'-0b10'
```

　2 は 2 進数で 10 なので、それを 2 進数であることを表すために数の前に 0b を付け、さらに負の値であることを表すためにマイナス（-）が付けられた結果が表示されます。
　変数に 2 進数の整数値を保存するときには、0b を付けた 2 進数表現を使います。

```
>>> a = 0b1010
>>> a
10
```

　2 進数の値 1010 は 10 進数で 10 であることがわかります。
　このとき、値を「'」で囲むと、10 進数の数値には変換されずに、結果は文字列としての 2 進数表現になります。

```
>>> a = '0b1010'
>>> a
'0b1010'
```

　2 進数は桁数が多くなる傾向があります。たとえば、10 進数で 1286 という値を 2 進数で表してみましょう。

```
>>> bin (1286)
'0b10100000110'
```

　10 進数で 1286 は 2 進数では 10100000110 ですが、長くて扱いにくいと感じるかもしれません。そのようなときには 16 進数で表現すると扱いやすくなります。10 進数を 16 進数にするためには hex( ) を使います。

```
>>> hex(1286)
'0x506'
```

　このほかに 8 進数で表現することも良く行われます。10 進数を 8 進数にするためには oct( ) を使います。

```
>>> oct(1286)
'0o2406'
```

[**問題**]　10 進数で 34567 という値を、2 進数、8 進数、16 進数で表しましょう。

[**解説と解答**]　10 進数を 2 進数にするには bin()、8 進数にするには oct()、16 進数にするには hex() を使います。

```
>>> bin(34567)
'0b1000011100000111'
>>> oct(34567)
'0o103407'
>>> hex(34567)
'0x8707'
```

　10 進数の 34567 は、2 進数では 1000011100000111、8 進数では 103407、16 進数では 8707 であることがわかります。　　　　　　　　　　　　　　　　　　　　　　　　　　　　　　[終]

　2 進数、16 進数、8 進数はコンピューターで扱うのに適しているので良く使われますが、任意の n 進数で表現された数を 10 進数へ変換することもでき、そのためには int() を次の書式で使います。

```
int(x, base=10)
```

　x は 10 進数に変換する値を表す文字列で、base は x の**基数**です。「base=10」は、この引数を省略すると x の値は 10 進数として 10 進数に変換されることを意味します。base に任意の値 n を指定するすると、n 進数に変換されます。
　次の例は 10 進数を、16 進数、8 進数、7 進数に変換する例です。

```
>>> int('506', base=16)
1286                          # 16進数で506は10進数で1286
>>> int('56', base=8)
46                            # 8進数で56は10進数で46
>>> int('43', base=7)
31                            # 7進数で43は10進数で31
```

Note Python のコードで # よりあとはコメント（注釈）とみなされます。コメントはプログラムの実行に影響を与えません。

何進数で表現しようと、値そのものは変わらない点に注意してください。10 進数の 23 は、2 進数では 10111、8 進数では 27，16 進数では 17 ですが、値の表現が変わるだけで、値の大きさそのものは同じです。

8 進数や 16 進数は、同じ値の 2 進数をより見やすくするための表現であると考えることもできます。

2.1.3 真偽値

真偽値は、ある事柄の真偽を示す値のことです。ある事項が条件を満たしているときを**真**（True）とし、条件を満たしていないときを**偽**（False）とします（True と False はどちらも先頭の文字を大文字にします）。

コンピューターの内部では真は 1 として、偽は 0 として扱われますが、Python では、True/False と 1/0 は区別します。

Note C 言語など他の多くの言語では、0 以外の値を真、0 を偽としますが、Python では True/False と数値は厳密に区別します。

真偽値は比較の時に良く使われます。たとえば、右辺と左辺が同じ値であるかどうか調べる等価比較演算子 == は次のように使うことができます。

```
>>> x = 10
>>> y = 15
>>> x == y        # xとyが同じ値であるかどうかを比較して決める
False
>>> y = 10
>>> x == y        # xとyが同じ値であるかどうかを比較して決める
True
```

2.2　実数と複素数

1.23 や 0.025 のような小数点以下の値がある数は**実数**です。また、小数点以下がゼロであっても、12.0 のように小数点を使って表現されている数値も実数値です。

2.2.1 実数の表現

実数は算数で使う小数点を含む表現そのままで表すことができます。

```
>>> 1.23 + 0.025
1.255
```

実数の式に整数を含めた場合、整数は小数点以下の値がない実数とみなされて計算されます。

```
>>> 1.23 * 2              # 2は2.0とみなされる
2.46
```

実数は e または E を使った**指数形式**で表現することもできます。

```
>>> 2.34e+2
234.0
>>> 2.34e-3
0.00234
```

2.34e+2 は 2.34×10^2 であり、つまり $2.34 \times 100 = 234.0$ のことです。

2.34e-3 は 2.34×10^{-3}、すなわち $2.34 \times 0.001 = 0.00234$ のことです。

Python が数を整数として扱っているか、あるいは実数として扱っているかということは、type() を使って調べることができます。次の例では「5」は整数として扱われ、「5.0」は実数として扱われることを示しています。

```
>>> type(5)
<class 'int'>
>>> type(5.0)
<class 'float'>
```

<class 'int'>は値が整数のクラスであることを、<class 'float'>は値が実数のクラスであることを表します。

2.2.2 浮動小数点数

実数をコンピュータの内部で扱うときには、**浮動小数点数**（floating-point number）として扱います。

浮動小数点数は次の形式で表すことができます。

$$m.nopqr \cdots \times 10^x$$

m、n、o、p、q、r、……には 0〜9 の値が入り、x には整数が入ります。**表 2.1** に浮動小数点数の例を示します。

表 2.1　浮動小数点数の例

浮動小数点表現	通常の 10 進数表現
1.234×10^2	123.4
1.234×10^1	12.34
1.234×10^{-2}	0.01234

浮動小数点数では、1234 という数で表される値と小数点の位置を示す 10^x で表されるので、あたかも小数点が一定の場所に定まらないでただよい動く（浮動する）かのように見えます。

浮動小数点数の実際の表現は、**符号部**（0 か 1）、**指数部**（10^x の x）、**仮数部**（$m.nopqr \cdots$ の値）で構成されますが、指数部も仮数部も有限の桁数（厳密にはビット数）しか保存できないので、値によっては正確な値ではなく、近似値を保存することになります。

たとえば、1 を 3 で割った結果は、次のような無限数になります。

$$0.33333333333333333333333333333333333333333333333333 \ldots$$

しかし、コンピューターに保存できる数の桁数は有限なので、1 を 3 で割った結果は近似値である「0.3333333333333333」であるということにします。そのため、誤差が発生することがあります。誤差については第 3 章でも取り上げます。

2.2.3 複素数

複素数は実部と虚部で表す数値です。通常、式で表すときには虚部には j または J を付けて次のように表記します。

```
>>> 2.3 + 4j
(2.3+4j)
```

　上に示すように、Python の値としては () を付けた (2.3+4j) のような形式で保存されます。これは complex（複素数）クラスの値として扱われます。

```
>>> type(2.3 + 4j)
<class 'complex'>
```

[問題]　複素数 $2 + 3J$ と複素数 $3 + 4J$ を加算してみましょう。

[解説と解答]　単にふたつの複素数を加算する式を実行すれば、実部は実部に加算され、虚部は虚部に加算されます。

```
>>> 2 + 3J + 3 + 4J
(5+7j)
```

　より分かりやすいように、次のようにかっこで囲っても構いません。

```
>>> (2 + 3J) + (3 + 4J)
(5+7j)
```

[終]

2.3　文字列と数

　数は文字列として表現されることもあります。

2.3.1　値の入力

　ここで、Python のプログラムで数を入力できるようにしてみましょう。キーボードからの入力には input() を使うことができます。

```
x = input()
```

　たとえば、次のように「23.4」を入力してみます。

```
>>> x = input()
23.4
```

このとき、x に保存されている値は次のようにして調べることができます。

```
>>> x
'23.4'
```

値 23.4 が「'」で囲まれているので、この数値は変数 x に文字列として保存されていることがわかります。次のようにして type() でも確認することができます。

```
>>> type(x)
<class 'str'>
```

<class 'str'>は文字列のクラスであることを表します。

試しに、x に値を保存してから x に 1.23 を加算してみましょう。

```
>>> x = input( )
23.4
>>> x + 1.23
Traceback (most recent call last):
  File "<stdin>", line 1, in <module>
TypeError: can only concatenate str (not "float") to str
```

この式 x + 1.23 はエラーになってしまいます。入力された'23.4' は文字列であり、文字列に数値 1.23 を加えようとしているからです。文字列に数値を加えることには意味がありません。たとえば、'23.4' という文字列の代わりに、'hello' という文字列に変えてみると、このことがよりはっきりわかるでしょう。

```
>>> 'hello' + 1.23
Traceback (most recent call last):
  File "<stdin>", line 1, in <module>
TypeError: can only concatenate str (not "float") to str
```

2.3.2　文字列の数値への変換

input() で入力された文字列を計算に利用したい場合は、文字列を実数値に変換する float() を使います。

---

float(x)　　　　　　　　　# 文字列の数を実数値に変換する

次に示すのは、入力された文字列を変数に保存し、それを実数値に変換して 1.23 を加算する例です。1.23 というのはひとつの例で、加算する値は任意の値でかまいません。ただし、実数に変換できない値が指定された場合はエラーになる点に注意してください。

```
>>> x = input( )
2.34
>>> float(x) + 1.23
3.57
```

input() には文字列の引数を指定することができ、その文字列はプロンプトとして表示されます。たとえば、入力を促すために「数値を入力してください：」と出力するには次のようにします。

---

x = input('数値を入力してください：')

使用例を次に示します。

```
>>> x = input(' 数値を入力してください：')
数値を入力してください：123
>>> x
'123'
```

入力された値が文字列であることを表すために「'」で囲まれている点に注意してください。

入力された値に 1.23 を加算して出力するコードをスクリプトファイルにするなら、ファイルの内容は次のようにします。

リスト 2.2　addfloat.py

```
x = input('数値を入力してください：')
print(float(x) + 1.23)
```

このスクリプトの実行例を以下に示します。

```
>python addfloat.py
数値を入力してください：23.0
24.23
```

[問題]　上のコードで、指数表現の実数値を入力してみましょう。

[解説と解答]　入力する値は指数表現でもかまいません。

```
>>> x = input( )
10e-2
>>> float(x) + 1.23
1.33
```

[終]

input()で入力された文字列を整数値に変えるときには、int()を使います。

```
>>> x = input( )
23
>>> int(x) + 12     # int()は文字列を整数に変換する
35
```

ただし、整数に変換できない値が指定された場合はエラーになる点に注意してください。たとえば、次のように実数値（この場合は23.4）が入力されるとエラーになってしまいます。

```
>>> x = input( )
23.4
>>> int(x) + 12
Traceback (most recent call last):
  File "<stdin>", line 1, in <module>
```

```
ValueError: invalid literal for int( ) with base 10: '23.4'
```

　入力される値が整数でも実数でも良い場合は float() を使っておけばより安全ですが、それ
でも実数にも変換できない値が入力されるかもしれません。

　たとえば、次のように「x12.3」という数値に変換できないものが入力されるとエラーになっ
てしまいます。

```
>>> x = input( )
x12.3
>>> float(x) + 1.23
Traceback (most recent call last):
  File "<stdin>", line 1, in <module>
ValueError: could not convert string to float: 'x12.3'
```

　このエラーの種類は ValueError です。このようなエラーは実行を継続することが困難な事
象なので、**例外**と呼びます。例外が発生したときに特別な処理をするために、**例外処理**という
仕組みを使うことができます。

　例外処理の最も簡単な書式は次の通りです。

```
try :
    例外が発生する可能性があるコード
except 例外の種類 :
    例外が発生したときに実行するコード
```

　ここでは float() を実行したときに例外 ValueError が発生する可能性があるので、次のよ
うなコードにすることで問題を解決できます。

```
try :
    y = float(x)
except ValueError:
    print('数値ではありません')
    sys.exit()
```

　上の一連のコードで、sys.exit() はプログラムを終了します。これを使うためにはプログラ
ムの先頭のほうに「import sys」を入れる必要があります。

スクリプトとしてまとめると、たとえば次のようにすることができます。

リスト 2.3   getnum.py

```
import sys

x = input('数値を入力してください：')
try :
    y = float(x)
except ValueError:
    print('数値ではありません')
    sys.exit()
print ( y )
```

上のスクリプトを実行する例を以下に示します。

```
>python getnum.py
数値を入力してください：12.3
12.3

>python getnum.py
数値を入力してください：120
120.0

>python getnum.py
数値を入力してください：H012
数値ではありません
```

[問題]   身長と体重を入力する BMI を計算して出力するスクリプトを作成してみましょう。
BMI は次の式で計算します。

$$BMI = \frac{体重}{身長 \times 身長}$$

体重は kg 単位、身長は m 単位です。

[**解説と解答**]　計算に必要な値は input() で取得します。たとえば、身長の値を取得するためには次のようにすることができます。

```
h = input('身長(m)を入力してください：')
```

体重を変数 w に保存するとすると、BMI の計算式は次のようになります。

```
bmi = w / (h * h)
```

スクリプト全体は、例えば次のようになります。

リスト 2.4　inpbmi.py

```
import sys

h = input('身長(m)を入力してください：')
try :
    h = float(h)
except ValueError:
    print ('数値ではありません')
    sys.exit()

w = input('体重(kg)を入力してください：')
try :
    w = float(w)
except ValueError:
    print ('数値ではありません')
    sys.exit()

bmi = w / (h * h)

print("BMI=", bmi)
```

実行例を以下に示します。

```
>python inpbmi.py
身長(m)を入力してください：1.6
体重(kg)を入力してください：60.2
```

```
BMI= 23.515624999999996
```

[終]

2.4　数の2進数表現

　現在のコンピューターは、電圧が高いか低いかというふたつの状態ですべての数を表すので、0と1だけを使う2進数で計算や処理が行われています。

2.4.1　整数

　これまで見てきたように、整数は2進数で表すことができます。

　たとえば、10進数で12は2進数では1100、10進数で123は2進数では01111011です。

　負の数を表すには、最上位の桁（符号ビット）で正負を表すことにします。そして、負の数を表すときには最上位ビットを1とし、数そのものは**2の補数**という表現で表します。

　たとえば、10進数で −12という値を8桁（符号1桁と数値7桁）の2進数で表現すると、11110100で表すことができます。

> **Note**　2の補数の求め方は、数を2進数にしたあとで、2進数のすべての桁の0と1を入れ替え、その結果に1を足します。たとえば、12の2の補数は次のようにして求めます。
> 10進数で12は（8桁の）2進数では00001100なので、すべての桁の0と1を入れ替えて11110011とし、1を加えた11110100が12の2の補数です。

　いずれにしても、コンピューターで実際に扱う際には有限の桁で表現するので、表現できる整数の範囲は限定されます。ただし、Pythonでは、巨大な整数は内部で実数に変換されて計算されるので、事実上最大値・最小値の制限はありません（誤差が発生することはあります）。

> **Note**　Python2では大きな整数を保存するためのデータ型として長整数型 long がありましたが、Python3では long は使いません。

2.4.2　実数

　実数には、整数部分と小数部分があります。整数部分の表現は整数と同じと考えることができます。

問題は小数の表現です。小数は、$(1/2)^n$ の和として表します。つまり、次のようになります。

$$小数 = m\left(\frac{1}{2}\right)^1 + n\left(\frac{1}{2}\right)^2 + o\left(\frac{1}{2}\right)^3 + p\left(\frac{1}{2}\right)^4 + q\left(\frac{1}{2}\right)^5 + \cdots + \left(\frac{1}{2}\right)^n$$
$$= m \times 0.5 + n \times 0.25 + o \times 0.125 + p \times 0.0625 + q \times 0.03125 + \cdots$$

ここで、m から q、およびそれに続く各項の係数は 0 または 1 です。たとえば 0.5 は、$m = 1$ とし、n 以降はゼロにすることで表現することができます。

$$\left(\frac{1}{2}\right)^1 = 0.5$$

また、0.25 は、$n = 1$ とし、それ以外はゼロにすることで表現することができます。

$$\left(\frac{1}{2}\right)^2 = 0.25$$

それでは、0.7 はどうでしょうか。$m = 1$、$n = 1$ とし、それ以外を 0 をすると、

$$\left(\frac{1}{2}\right)^1 + \left(\frac{1}{2}\right)^2 = 0.5 + 0.25 = 0.75$$

となり、0.7 を超えてしまいます。そこで、$n = 0$、$o = 1$ とすると、

$$\left(\frac{1}{2}\right)^1 + \left(\frac{1}{2}\right)^3 = 0.5 + 0.125 = 0.625$$

となり、今度は 0.7 より小さくなってしまいました。そこで、さらに $p = 1$ としてみます。

$$\left(\frac{1}{2}\right)^1 + \left(\frac{1}{2}\right)^3 + \left(\frac{1}{2}\right)^4 = 0.5 + 0.125 + 0.0625 = 0.7185$$

再び 0.7 を超えてしまいました。このことから、$1/2 \sim (1/2)^4$ の範囲で $(1/2)^n$ の和として表現しようとすると、0.7 は近似値でしか表せないことがわかります。

この例の場合は $(1/2)^4$ までしか使っていませんが、コンピューターが扱える数は有限なので、無限に計算を続けることはできません。そのため小数を $(1/2)^n$ の和として表現すると近似値しか表せないことがあるということがわかります。

小数は、$(1/2)^n$ の和として表す方法、つまり 2 進数で小数を表す方法では、近似値しか表せないということは重要で、特に計算誤差に影響を与えます。計算誤差については第 3 章で扱います。

2.5 リストとタプル

　同じ種類の値をいくつも並べて扱いたいことがあります。このようなときに、リストを使うと便利です。

2.5.1 リストと配列

　ほかのプログラミング言語で**配列**という概念で取り扱うものを、Python の組み込みの機能では**リスト**で扱うことがあります。

　配列とリストの違いは、リストはオブジェクトであり、その内容をメソッドというものを使って操作できるという点です。そのため、リストでは任意の位置に値を挿入できますが、配列ではある位置に値を入れるためにはそれより後ろの値を後ろにずらさなければなりません。

　なお、後の章で実例を示すように、たとえば NumPy という外部モジュールを使えば配列を表現することもできます。

2.5.2 数値のリスト

　リストに複数の値を保存するときには、たとえば次のようにします。

```
>>> a = [1, 2, 3]
```

　これで、a というひとつの変数に 3 個の値を保存することができます。
　リスト全体は a で表されます。

```
>>> a
[1, 2, 3]
```

　リストの内容のひとつひとつを**要素**といいます。リストの各要素を得るには、リストの先頭から順番に振られる**インデックス**という番号を指定します。Python では原則として 0 から要素を数えるので、リスト a の最初の要素の値は a[0] で表されます。

```
>>> a[0]
1
```

　同様に、2 番目と 3 番目の値は a[1] と a[2] で表されます。

```
>>> a[1]
2
>>> a[2]
3
```

リストの要素に式を記述してもかまいません。次に例を示します。

```
>>> a = [2*3, 2+1, 7/4]
>>> a[0]
6
>>> a[1]
3
>>> a[2]
1.75
```

さらに、要素にリストを指定して、リストを入れ子にすることもできます。

```
>>> a = [1, [2,3],4]
>>> a[1]
[2, 3]
```

　リストの内容を変更するには、単にインデックスを指定してその内容を変更します。次の例は、最初に [1,2,4,5,8] というリストを定義したあと、最初の要素（a[0]）をゼロに変更する例です。

```
>>> a = [1,2,4,5,8]
>>> a
[1, 2, 4, 5, 8]
>>> a[0] = 0
>>> a
[0, 2, 4, 5, 8]
```

　さらには、「:」（コロン）を使って、インデックスで指定した範囲のリストを取り出すこともできます。このとき、インデックスは（取り出す最初の要素のインデックス）:（取り出す最後の要素の次のインデックス）で指定します。つまり、[1,2,4,5,8] というリストを定義したあと、a[1:3] で要素を取り出すと、a[1] と a[2] が取り出されます。

```
>>> a = [0,2,4,5,8]
>>> a
[0, 2, 4, 5, 8]
>>> a[1:3]
[2, 4]
>>> a[1:2]
[2]
>>> a[0:4]
[0, 2, 4, 5]
```

インデックスには負の数も使うことができます。負の数のインデックスは、リストの後ろからの位置を表します。たとえば、次のようにします。

```
>>> a = [0,2,4,5,8]
>>> a[-3]              # 後ろから3番目
4
>>> a[1:-2]           # 前から2番目から後ろから3番目までの範囲
[2, 4]
>>>
```

「:」を使って範囲を指定して内容をひとつの値に変更するような操作はできません。次の例はリスト a の 2 番目と 3 番目の値をゼロにしようとする例ですが、エラーになります。

```
>>> a[2:4]=0
Traceback (most recent call last):
  File "<stdin>", line 1, in <module>
TypeError: can only assign an iterable
```

2.5.3 文字列のリスト

リストの内容は数値である必要はありません。リストには文字列も保存できます。次に 3 つの文字列を dogs という名前の変数に保存する例を示します。

```
>>> dogs = ['Pochi', 'Pera', 'Kenta']
>>> dogs[0]
'Pochi'
```

```
>>> dogs[2]
'Kenta'
```

　文字列のリストも、数値のリスト同様にインデックスで変更したり、範囲を指定して取り出したりすることができます。

```
>>> dogs = ['Pochi', 'Pera', 'Kenta']
>>> dogs
['Pochi', 'Pera', 'Kenta']
>>> dogs[0:2]
['Pochi', 'Pera']
```

2.5.4 混在リスト

　ひとつのリストに保存する型は限定されていません。いいかえると、ひとつのリストに異なる型の値を保存することができます。

　次の例は、ひとつのリストに数値と文字列を保存する例です。

```
>>> a = [100, 'Dog', 12.34, 'Cat']
>>> a
[100, 'Dog', 12.34, 'Cat']
>>> a[1]
'Dog'
>>> a[2]
12.34
>>> a[0]
100
```

　さらに、リストの中にリストを保存することもできます。そのため、次のような名前と年齢をペアにしたリストのデータをリストの要素として保存することもできます。

```
>>> member = [['Yamada', 23], ['Honda', 32], ['Tommy', 25]]
>>> member
[['Yamada', 23], ['Honda', 32], ['Tommy', 25]]
>>> member[2]
['Tommy', 25]
```

```
>>> member[1][1]        # 2番目の要素の中の2番目の要素
32
```

[問題]　内容が 1〜10 までの整数値であるリストを作ってみましょう。

[解説と解答]　もっとも単純な方法は次のようにする方法です。

```
>>> a = [ 1, 2, 3, 4, 5, 6, 7, 8, 9, 10]
>>> a
[1, 2, 3, 4, 5, 6, 7, 8, 9, 10]
```

range() という関数と呼ぶものを使うと、要素を一気に作成して保存することができます。次の例は 1 から 10 までの整数を要素とするリストを作成する例です。

```
>>> b = range(1, 11)
```

ここで b の内容を表示すると次のようになります。

```
>>> b
range(1, 11)
```

上のような範囲の内容をリストとして表示したい場合は、次のように list() で囲みます。

```
>>> print( list(b) )
[1, 2, 3, 4, 5, 6, 7, 8, 9, 10]
```

インデックスで個々の要素にアクセスできることはこれまでと同じです。

```
>>> b[3]
4
```

[終]

2.5.5 タプル

タプル（Tuple）は、2個以上の値の組を表します。

タプルを定義するときには、「,」（カンマ）をはさんで2つ以上の値を指定します。

```
>>> a = 12, 34
>>> a
(12, 34)
>>> b = 1, 3, 5
>>> b
(1, 3, 5)
```

見やすくするために値の組を () で囲んでも構いません。

タプルは2個以上で一組の値ですが、2個目以降の値を省略することもできます。

```
>>> a = (1,)
>>> a
(1,)
```

値は数値以外の任意の値でよく、たとえば次のように文字列を使うこともできます。

```
>>> b = ('Pochi', 6)
>>> b
('Pochi', 6)
```

第3章

基本的な計算

　この章では、加減乗除、階乗、誤差、無限小数のような基本的な計算に必要なことを取り上げます。

3.1　四則計算

　ここでは、足し算、引き算、かけ算、割り算の4種類の計算について学びます。

3.1.1　足し算

　これまでにも加算の例はいくつか見てきました。

```
>>> 2 + 3
5
```

　10進数以外の数も加算することができます。ただし、そのままだと結果は10進数で表示されます。次の例は2進数の値を加算する例です。

```
>>> 0b1010 + 0b0100
14
```

　2進数で計算した結果を2進数表現で表示したい場合は bin() を使います。

```
>>> bin(0b1010 + 0b0100)
'0b1110'
```

計算の結果を変数に保存することができます。

```
a = 10 + 2
```

算数では $2 + 10 = 12$ のようにイコール（＝）の左辺の結果を右辺に書きますが、コンピューターでは上に示すようにイコールの右辺の式の値を左辺の変数に保存します。

[問題]　16進数で1Aと70を加算して、結果を16進数で表示しましょう。

[解説と解答]　16進数の値を表現するときには、数値の前に 0x または 0X を付けます。
　整数を16進数で表示するときには hex() を使うので、次のように計算して表示します。

```
>>> hex(0x1a + 0x70)
'0x8a'
```

[終]

2進数、8進数、10進数、16進数が混在している式も有効です。

```
>>> 0b0101 + 0o23 + 100 + 0x1C
152
```

実数の足し算や、実数と整数の足し算も行うことができます。

```
>>> 5.2 + 2.4
7.6
>>> 6.4 + 12
18.4
```

ただし、扱う値によっては、誤差のために予期した値にならない場合があります。次の例は誤差が発生する計算の例です。

```
>>> 5.1 + 2.3
7.3999999999999995
```

正しい答えは 7.4 ですが、近似値の 7.3999999999999995 になっている点に注目してください。

足し算に限らず、ほかの演算でも誤差のために正しい答えの近似値になることがあります。

Note 誤差については 3.4.2 節で学びます。

実数を含む計算の結果は、整数として表される値であっても、実数として保存されます。次の例は、$a = 2.4$ で $b = 2.6$ のときに $a + b$ を加算する例です。結果は 5 になりますが、この値は正確には実数値の 5.0 です。

```
>>> a = 2.4
>>> b = 2.6
>>> a + b
5.0
>>> c = a + b
>>> type(c)
<class 'float'>
```

3.1.2 引き算

引き算の記号は「-」（マイナス）です。たとえば、$12 - 5$ を実行すると次のようになります。

```
>>> 12 - 5
7
```

表現の異なる数値の引き算ももちろん可能です。次の例は 10 進数の 258 から、16 進数の 0x1c（10 進数で 28）と、2 進数の 0b11011011（10 進数で 219）を引く例です。

```
>>> 258 - 0x1c - 0b11011011
11
```

実数を含む引き算は実数の計算として行われます。

```
>>> a = 5 - 0.2 - 1.8
>>> a
3.0
>>> type(a)
<class 'float'>
```

3.1.3 かけ算

掛け算の記号は数学の記号（×）とは違って「*」（アスタリスク）です。たとえば、6×7 を実行すると次のようになります。

```
>>> 6 * 7
42
```

負の数と負の数をかけると正の数になります。

```
>>> -2.4 * -2
4.8
```

算数の場合は、上のコードは $-2.4 \times (-2)$ という式で表します。

［問題］　1.4×0.7 を計算してみましょう。

［解説と解答］

```
>>> 1.4 * 0.7
0.9799999999999999
```

$1.4 \times 0.7 = 0.98$ ですが、上のように 0.98 の近似値が得られるはずです。実数の演算では、実数を厳密に 2 進数で表現できないことがあるので、計算結果もこのような近似値になります。
　　［終］

3.1.4 割り算

割り算の記号は「/」（スラッシュ）です。たとえば、8 を 2 で割ると次のようになります。

```
>>> 8 / 2
4.0
```

さらに、たとえば 7 を 2 で割ると次のようになります。

```
>>> 7 / 2
3.5
```

算数的にはこれで良さそうですが、「整数の割り算」であるなら、これは間違いです。整数の割り算にするには、商とあまりを求めなければなりません。

整数の割り算で商を求めるときには演算子「//」を使います。

```
>>> 7 // 2
3
```

あまりを求めるときには演算子「%」を使います。

```
>>> 7 % 2
1
```

これで「7 ÷ 2 = 3 あまり 1」が求められます。

整数の割り算は日常生活でも良く使います。「生卵が 7 個あります。これを二人で分けるとどうなりますか?」という問題の答えは「ひとり 3 個で 1 個あまり」が正解です。もし、「ひとり 3.5 個」という解答にしたら、タマゴを一個割らなければなりません。生卵をやたらに割ったら悲惨なことになるので、どうしても「ひとり 3 個で 1 個あまり」にする必要があります。

コンピューターでも、商とあまりを求める整数の割り算は重要です。たとえば、3 の倍数かどうかを調べたいときには、3 で割ったあまりが 0 かどうかで判定できます。

```
>>> 5 % 3
2                      # 3で割ったあまりが2なので3の倍数ではない
>>> 6 % 3
0                      # 3で割ったあまりが0なので3の倍数
>>> 7 % 3
1                      # 3で割ったあまりが1なので3の倍数ではない
```

Note　Python のコードで「#」よりあとはコメント(注釈)とみなされます。コメントはプログラムの実行に影響を与えません。

3.1.5　べき乗

数を複数回かけ合せる**べき乗**を計算するときには、「**」(2 個のアスタリスク)を使います。たとえば、2^7 を実行すると次のようになります。

```
>>> 2 ** 7
128
```

負の数のべき乗を求めるときには注意が必要です。$(-2)^2$ を求めようとして次のようにすると間違った結果になります。

```
>>> -2 ** 2
-4
```

これは、式が「-(2 ** 2)」であると解釈されてしまうからです。
正しい結果を求めるためには、べき乗する値を ( ) で囲みます。

```
>>> (-2) ** 2
4
```

3.2 ビットの演算

整数の場合、値を構成するビットを操作することで演算することができます。

3.2.1 左シフト演算

値を左にシフトする演算子「<<」は整数型だけに適用されます。書式は次の通りです。

```
expr1 << expr2
```

これは式 *expr1* の各ビットを式 *expr2* の値だけ左にシフトします。符号を考慮しない場合、整数のビットを左に 1 だけシフトするごとに値は 2 倍になります。左に n ビットシフトすると、2^n 倍になります。

次の例は a に保存されている値である 8 の各ビットを、2 だけ左にシフトします。結果は 32 になります。

```
>>> a = 8
>>> print (a << 2)
```

32

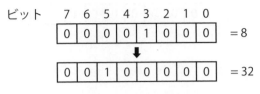

図 3.1　左シフト演算

[**問題**]　変数に保存した整数値を 3 ビット左にシフトすると、値は何倍になるでしょうか？

[**解説と解答**]　左に n ビットシフトすると 2^n 倍になるので、$2^3 = 8$ 倍になります。
　実際にやってみると、次のようになります。

```
>>> a = 3
>>> a << 3
24
```

［終］

3.2.2　右シフト演算

　右にシフトする演算子「>>」は整数型だけに適用されます。書式は次の通りです。

```
expr1 >> expr2
```

　これは式 *expr1* の各ビットを式 *expr2* の値だけ右にシフトします。符号を考慮しない場合、整数のビットを右に 1 だけシフトするごとに値は 1/2 倍になります。右に n ビットシフトすると、$1/2^n$ 倍になります。
　次の例は a の値である 8 の各ビットを、2 だけ右にシフトします。結果は 2 になります。

```
>>> a = 8
>>> print (a >> 2)
2
```

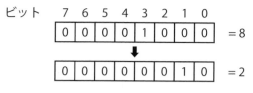

図 3.2 右シフト演算

3.2.3 論理積

論理積（ビットごとの AND）演算子「&」は、ふたつの値を 2 進数で表現したときの、どちらのビットも 1 である 2 進数を求めます。

```
>>> a = 10
>>> b = 3
>>> print (a & b)
2
```

図 3.3 ビットごとの AND（&）

3.2.4 論理和

論理和（ビットごとの OR）演算子「|」は、ふたつの値を 2 進数で表現したときの、どちらかのビットが 1 または両方のビットが 1 である 2 進数を求めます。

```
>>> a = 10
>>> b = 3
>>> print (a | b)
11
```

図 3.4　ビットごとの OR（|）

3.2.5　排他的論理和

排他的論理和（ビットごとの排他的 OR、XOR）演算子「^」は、ふたつの値を 2 進数で表現したときの、どちらか一方のビットが 1 である 2 進数を求めます。

```
>>> a = 10
>>> b = 3
>>> print (a ^ b)
9
```

図 3.5　ビットごとの XOR（^）

3.2.6　反転

ビットごとに値を反転する演算子「~」は、ビットごとに、値が 1 なら 0 に、0 なら 1 にします。

ただしこの場合、求めている結果を得るためには AND 演算を行って 2 の補数表現の文字列にする必要があります。

```
>>> print ( ~a & 0b1111 )
5
```

図 3.6　ビットごとの NOT（~）

3.3　値の比較

Python には値を比較するためのさまざまな演算子が用意されています。

3.3.1　比較と条件判断

プログラムの中では、式の値を調べてその結果に応じて異なることを行うことがよくあります。式の値を調べることを、式を評価するといいます。このようなときに使う構文の中で数や式の値を比較する演算子が使われます。

たとえば、条件に応じて実行するコードを変える if 文の基本的な構文は次のように書きます。

```
if 条件式 :
    条件が真であるとき実行する文
[else :
    条件が真でないとき実行する文]
```

「条件が真である」とは条件式が満たされていることを示し、True であるともいいます。「条件が真でない」とは、条件式が満たされていないことを示し、偽または False ともいいます。

else とそれに続く文（条件が真でないとき実行する文）は省略することができます。

条件が真であるとき実行する文の先頭はキーワード if より右にずらして書きます。else: のあとの行も else の先頭より右にずらして書きます。このようにすることでキーワードなどの「内部にあるブロックである」ことを Python に知らせるだけでなく、目で見てわかりやすくなります。このように、行の先頭を右にずらして書くことを**インデント**といいます。Python ではブロック構造をインデントで表現します。

if 文の簡単な使用例を見てみましょう。事前に次のような式があるものと仮定します。

```
x = 0
```

if 文は次のように使います。

```
>>> x=0
>>>
>>> if x == 0 :
... print('x はゼロ')
...
xはゼロ
>>>
```

「...」は、ブロック（この場合は関数定義）が続いていることを表すプロンプトです。Python
の対話モードで、if 文のようにさらに文を続ける必要があるときに出力されます。ここに後に
続くコードを入力しますが、入力するコードがなくなったときには、「...」の直後で Enter を
押すと、行の継続が中止されて通常のプロンプト（>>>）が表示されます。

if のあとの「x == 0」は条件式です。「==」（イコール 2 個）は値が同じかどうか調べる（等
価比較）演算子として働きます。

このコードは、変数 x がゼロの場合に「x はゼロ」を出力します。つまり、if 文の条件式（x
== 0）が真のときには、あとに続く「print('x はゼロ')」が実行されます。

条件式は大小の比較でもかまいません。たとえば、「x がゼロより大きい」という条件式を使
いたいときには、次のようにします。

```
if x>0 :
    xがゼロより大きいときに実行するコード
else :
    xがゼロ以下のときに実行するコード
```

実行例を次に示します。

```
>>> x = 0
>>>
>>> if x>0 :
...     print('x はゼロより大')
... else :
...     print('x はゼロ以下')
```

```
...
xはゼロ以下
>>> x = 2
>>>
>>> if x>0 :
...     print('x はゼロより大')
... else :
...     print('x はゼロ以下')
...
xはゼロより大
>>>
```

なお、if や else の「:」(コロン) のあとの文を、改行しないで続けて書いても構いません。

```
if x>0 : print('xはゼロより大')
else : print('xはゼロ以下')
```

3.3.2 比較演算子

数の比較に関連する操作で使われる演算子を**表 3.1** に示します。

表 3.1　比較演算子

演算子	説明
<	小なり関係演算子。左辺の値が右辺の値より小さい時に True になります。
>	大なり関係演算子。左辺の値が右辺の値より大きい時に True になります。
<=	以下の関係演算子。左辺の値が右辺の値より小さいか等しい時に True になります。
>=	以上の関係演算子。左辺の値が右辺の値より大きいか等しい時に True になります。
==	等価演算子。左辺の値と右辺の値が等しい時に True になります。
!=	不等価演算子。左辺の値と右辺の値が等しくない時に True になります。

「<」演算子の書式は次の通りです。

```
expr1 < expr2
```

これは、式 *expr1* と式 *expr2* の大小関係を判定します。式 *expr1* の値が式 *expr2* の値より小

さいと True を返します。

　次のコードでは、n1 と n2 を比較して、n1 の方が小さいかどうか調べてその結果を出力します。

```
>>> n1 = 10
>>> n2 = 12
>>> if n1 < n2:
...     print('n1 の方が小さい')
... else :
...     print('n1 の方が大きいか等しい')
...
n1の方が小さい
```

次の例は、「<=」演算子を使って n1 と n2 を比較した結果を出力するプログラムです。

```
if n1 <= n2:
    print('n1の方が小さいか等しい')
else :
    print('n1の方が大きい')
```

　次の例は、「==」演算子を使って 2 つの整数値 n1 と n2 を比較した結果を出力するプログラムです。

```
if n1 == n2:
    print('n1とn2は等しい')
else :
    print('n1とn2は違う')
```

　Python では同じかどうか調べる等価演算子は「=」ではなく、「==」である点に注意してください。間違えて「if n1 = n2:」などとしたり、また、ふたつの「=」の間に空白を入れたりすると「SyntaxError: invalid syntax」というエラーになります。

```
>>> x = = 2
  File "<stdin>", line 1
    x = = 2
        ^
SyntaxError: invalid syntax
```

次の例では、n は 10 であって 99 ではないので「n は 99 でない」と出力されます。

```
>>> n = 10;
>>> if n != 99:
...     print('n は 99 でない')
...
nは99でない
```

[問題]　ふたつの実数の入力を求めて、それらを比較した結果を出力するスクリプトを作成してみましょう。

[解説と解答]　if 文の中で演算子「==」、「<」、「>」を使って値を比較し、その結果を出力するプログラムを作ります。

たとえば、大小を比較してその結果を出力するコードは次のようにすることができます。

```
if x > y: print(x,'は', y, 'より大きい')
if x < y: print(x,'は', y, 'より小さい')
```

スクリプト全体は次のようになります。

リスト 3.1　oprat.py

```
import sys

x = input('最初の数を入力してください：')
try :
    x = float(x)
except ValueError:
    print('10進数ではありません')
    sys.exit()

y = input('第2の数を入力してください：')
try :
    y = float(y)
except ValueError:
    print('10進数ではありません')
    sys.exit()

if x == y: print(x,'と', y, 'は同じ')
```

```
if x > y: print(x,'は', y, 'より大きい')
if x < y: print(x,'は', y, 'より小さい')
```

［終］

3.4 数値計算上の問題

数値を計算する際に注意を払わなければならないことがいくつかあります。

3.4.1 ゼロによる割り算

数をゼロで割ることはできません。数学的には、数をゼロで割った結果は定義できないといっても良いでしょう。

たとえば、A さんがリンゴを 6 個持って来て置いて行き、B、C、D の三人組で分けるとすると、ひとり 2 個ずつに分けてそれぞれの人が 2 個のリンゴを持っていることになります。しかし、リンゴを 0 人で分けるとしたら、A さんはすでにいないので、6 個のリンゴは誰のものでもない（宙に浮いている）ことになってしまいます。

Python では、数をゼロで割ると次のようなエラーが報告されます。

```
>>> a = 6
>>> b = 0
>>> a / b
Traceback (most recent call last):
  File "<stdin>", line 1, in <module>
ZeroDivisionError: division by zero
```

ゼロで割ることができないということは数学的な定義であるので、Python 以外のどのようなプログラミング言語でも同じです。

［問題］　実数でゼロで割る計算を行ってみましょう。

［解説と解答］　実数でもゼロで割ることはできないので、ゼロで割ろうとするとエラーになってしまいます。

```
>>> 2.3 / 0.0
Traceback (most recent call last):
  File "<stdin>", line 1, in <module>
ZeroDivisionError: float division by zero
```

なお、ゼロにきわめて近い値で割ることはでき、その場合の結果は非常に大きな値になります。

```
>>> 2.3 / 1.0e-23
2.3e+23
>>> 2.3 / 0.1e-12
22999999999999.996
```

[終]

3.4.2　誤差

実数特有の問題として、実数は厳密に 2 進数で表現できないことがあるという問題があります。言い換えると、実数を 2 進数で表現すると値によっては近似値でしか表せないということもできます。このことは 2.4.2 節で学びました。

たとえば、$1.23 + 1.7$ の結果は 2.93 ですが、Python で計算してみると次のようになります。

```
>>> 1.23 + 1.7
2.9299999999999997
```

見ればわかる通り、結果は 2.93 の近似値である 2.9299999999999997 になってしまいます。また、たとえば 6×0.7 を実行しても 4.2 にはなりません。

```
>>> 6 * 0.7
4.199999999999999
```

この問題は、計算で何らかの工夫をすることによって回避できる場合があります。たとえば、小数を適切に 10^n 倍して整数として計算してから 10^n で割ると誤差が発生しないようにできる場合があります。$1.23 + 1.7$ の場合は、それぞれの数を 100 倍して加算した結果を $1/100$ にします。

```
>>> (1.23 * 100 + 1.7 * 100) / 100
2.93
```

6×0.7 も、次のように実行すれば誤差の問題を避けることができます。

```
>>> (6 * 7) / 10
4.2
```

また、誤差は自動的に丸められることがあります。たとえば次のような計算を行うとします。

```
a = 4 / 7
b = 3 / 7
a + b
```

この過程を逐一見てみましょう。

```
>>> a = 4 / 7
>>> a
0.5714285714285714
>>> b = 3 / 7
>>> b
0.42857142857142855
```

ここまでの結果から a + b の値は

$$
\begin{array}{rl}
 & 0.5714285714285714 \\
+ & 0.42857142857142855 \\
\hline
= & 0.99999999999999995
\end{array}
$$

になるはずですが、実際には 1.0 になります。

```
>>> a + b
1.0
```

次の例は、$2/3 + 1/3$ を逐一実行する例です。

```
>>> a = 2 / 3
>>> a
0.6666666666666666
>>> b = 1 / 3
>>> b
0.3333333333333333
>>> a + b
1.0
```

この場合も、結果は 0.9999999999999999 になるかと思いきや、1.0 に丸められます。

3.4.3　実数の比較

実数の演算では誤差があるために、比較の際には注意が必要です。たとえば、次のようにして 6×0.7 と 4.2 を比較するとします。

```
a = 6 * 0.7
b = 4.2

if a == b:
    print('a == b')
else:
    print('a != b')
```

この結果は「a != b」になります。本来、$6 \times 0.7 = 4.2$ なので、「a == b」にならなければなりません。しかし、コンピューターの内部で 2 進数で計算すると 6 * 0.7 = 4.199999999999999 と 4.2 を比較することになるため、このような結果になってしまいます。

この問題を避けるためには、「==」で比較するのではなく、ふたつの値の差の絶対値が非常に小さいかどうかで調べます。

```
a = 6 * 0.7
b = 4.2

if abs(a - b) < 1.0e-6:
    print('a == b')
else:
    print('a != b')
```

この結果は「a == b」になります。

abs() は、引数に渡した数値の絶対値を返します。つまり、「abs(a - b) < 1.0e-6」は、a から b を引いた値の絶対値が 1.0e-6（0.000001）以下なら True になり、ふたつの値は同じと判定します。

Note abs() については第 4 章でも取り上げます。

3.4.4 無限小数

割り算などで、小数点以下どこまで計算しても計算が終わらない場合があります。これを**無限小数**といいます。

たとえば、1 を 7 で割った結果を求めてみましょう。

```
>>> 1 / 7
0.14285714285714285
```

この場合は、小数点以下で「142857」が繰り返し出てくるので、**循環小数**とも言います。

無限小数も計算の精度に影響を与える場合があります。

［問題］ 1 を 3 で割った値と、2 を 3 で割った値を求め、さらにそれらを加算した値を求めてみましょう。

［解説と解答］ 1 を 3 で割った値は次のような無限小数になります。

```
>>> a = 1 / 3
>>> print(a)
0.3333333333333333
```

2 を 3 で割った値も次のような無限小数になります。

```
>>> b = 2 / 3
>>> print(b)
0.6666666666666666
```

しかし、それらを加算した値は 1.0 になります。

```
>>> print(a + b)
1.0
```

［終］

第4章

文字式と方程式

この章では、文字式と方程式について学んだあとで、一次関数と二次関数について理解し、さらに高次関数についても検討します。

4.1 文字式

文字式は、文字を使った式のことです。一般的な式、たとえば $2 \times 5 + 12 = 22$ に対して、文字式は、たとえば文字 a を使って次のように書きます。

$$2 \times a + 12 = 22$$

この場合は、a は 5 の代わりに使われています。

4.1.1 文字式の決まり

通常、数式としての文字式では × (掛ける) 記号は省略します。そのため、上の例を正しい規則に従って表現すると次のようになります。

$$2a + 12 = 22$$

式に使う文字は a、b、c でも x、y、z でもかまいません。

$$2x + 12 = 22$$

上の、＋ (または −) で区切られた個々の要素を項といいます。

$$\underset{\text{項}\quad\text{項}}{2x + 12}$$

等式または不等式で、等号または不等号の一方の辺にある項の符号を変えて他方の辺に移すことを**移項**といいます。たとえば、次のように左辺の 12 を右辺に移動して符号をマイナスに

します。

$$2a + 12 = 22$$
$$2a = 22 - 12$$

これをさらに計算すると、次のようになります。

$$2a = 10$$
$$a = \frac{10}{2}$$
$$a = 5$$

4.1.2 不等式

これまでの例では、= の左右の値が等しいという前提でした。左右の値が等しくない場合もあって、その場合は = の代わりに < (より小さい) や > (より大きい) という記号を使います。

次の場合、a には 5.0 より大きいさまざまな数を入れた場合に式が成り立ちます。

$$2a + 12 > 22$$

次の場合、a には 5.0 より小さいさまざまな数を入れた場合に式が成り立ちます。

$$2a + 12 < 22$$

4.2 式の操作

式そのものの操作を Python を使って行うことができます。

4.2.1 式の展開

次のような式を考えてみます。

$$(x + 2) \times (2x - 3) + 4$$

これを展開すると、次のようになります。

$$(x + 2) \times (2x - 3) + 4 = 2x^2 - 3x + 4x - 6 + 4$$
$$= 2x^2 + x - 2$$

式を展開するためには、Python の sympy というパッケージに入っている Symbol と expand() を使って答えを出すことができます。

sympy がインストールされていない環境では最初に sympy をインストールします。

```
>pip install sympy
```

次に、sympy をインポートして、sym という名前で使えるようにします。

```
import sympy as sym
```

そして、次のように式の中で使う x を**シンボル**として宣言します（より厳密には Symbol として生成します）。

```
x = sym.Symbol('x')
```

これは、式の中で使う x は Python の変数ではなく「文字式の文字」である、ということを示します。次のように、シンボルを保存した x を type() で調べてみると、このことがより明白になります。

```
>>> import sympy as sym
>>> x = sym.Symbol('x')
>>> type(x)
<class 'sympy.core.symbol.Symbol'>
```

それでは、実際に式の展開をしてみましょう。式 expr を定義し、それを引数として expand() を呼び出します。

```
expr = (x + 2) * (2 * x - 3) + 4
sym.expand(expr)
```

これを実行すると、2*x**2 + x - 2、つまり、$2x^2 + x - 2$ が出力されます。
対話モードで実行した様子を次に示します。

```
>>> import sympy as sym
>>>
>>> x = sym.Symbol('x')
>>> expr = (x + 2) * (2 * x - 3) + 4
>>> sym.expand(expr)
2*x**2 + x - 2
```

通常の変数とシンボルの違いを認識しておきましょう。

通常の変数は、それが出現した段階で値が決まっているか、あるいはその式で値が決まらなければなりません。たとえば、コードの中につぎのような代入式があるとします。

```
y = 2 * x + 3
```

このコードで求めるのは y の値であって、これを実行する時点で、x の値は決まっていなければなりません。そのため、上のコードの前に次のようなコードが必要です。

```
x = 12
```

もし、x の値が決まっていない状態で式「y = 2 * x + 3」を実行しようとすると、次のようなエラーになります。

```
>>> y = 2 * x + 3
Traceback (most recent call last):
  File "<stdin>", line 1, in <module>
NameError: name 'x' is not defined
```

シンボルは、ある文字を「文字式の文字」として定義します。次の例では、シンボルを保存する変数 x に、変数 x の内容がシンボル'x' であるという情報を保存します。

```
>>> import sympy as sym
>>> x = sym.Symbol('x')
>>> type(x)
<class 'sympy.core.symbol.Symbol'>
```

このとき、シンボル'x' の値は決まっていません。次の式は文字式であることを表します。

```
expr = (x + 2) * (2 * x - 3) + 4
```

expr には特定の値が保存されるわけではなく、式が保存されます。

```
>>> expr = (x + 2) * (2 * x - 3) + 4
>>> print(expr)
(x + 2)*(2*x - 3) + 4
```

Note　複数のシンボルを一度に定義するときには次のようにします。

```
x, y, z = sympy.symbols('x,y,z')
```

[問題]　次の式を Python の `sympy.expand()` を使って展開してみましょう。

$$(2x + 12)(3x - 6)$$

[解説と解答]　式を Python のコードで次のように定義します。

```
expr = (2 * x + 12) * (3 * x - 6)
```

そして次のスクリプトを作って実行します。

リスト 4.1　expand.py

```
import sympy as sym

x = sym.Symbol('x')
expr = (2 * x + 12) * (3 * x - 6)
print(sym.expand(expr))
```

```
>py expand.py
6*x**2 + 24*x - 72
```

この結果から、求める式は $6x^2 + 24x - 72$ であるということがわかります。　　　[終]

4.2.2　因数分解

因数分解可能な式を Python の関数を使って因数分解することもできます。因数分解には `sympy.factor()` を使います。

式 $2x^2 + x - 6$ を因数分解してみましょう。式は次のように定義します。

```
expr = 2 * x ** 2 + x - 6
```

そして、この式を引数にして `sympy.factor()` を呼び出します。

```
sym.factor(expr)
```

対話モードで実行する例を次に示します。

```
>>> import sympy as sym
>>> x = sym.Symbol('x')
>>> expr = 2 * x ** 2 + x - 6
>>> sym.factor(expr)
(x + 2)*(2*x - 3)
```

式 $2x^2 + x - 6$ を因数分解すると $(x+2)(2x-3)$ になることがわかりました。

[問題]　式 $2x^2 + 3x + 1$ を因数分解してみましょう。

[解説と解答]　式 $2x^2 + 3x + 1$ は Python のプログラムでは次のように定義できます。

```
expr = 2 * x ** 2 + 3 * x + 1
```

対話モードで因数分解すると次のようになります。

```
>>> import sympy as sym
>>> x = sym.Symbol('x')
>>> expr = 2 * x ** 2 + 3 * x + 1
>>> sym.factor(expr)
(x + 1)*(2*x + 1)
```

式 $2x^2 + 3x + 1$ を因数分解すると、$(x+1)(2x+1)$ になることがわかりました。　　　[終]

4.3 方程式

　文字式の文字に代入する値によって成り立ったり成り立たなかったりする式を**方程式**といいます。

4.3.1 一次方程式

　一次方程式は、a や x のような単純な一次元の値を示す文字を含む次のような式です。

$$3a - 4 = 2$$
$$2x + 5 = 11$$

　すでに見てきたように、一次方程式は項の位置を適切に移動（移項）することで文字の値を求めることができます。たとえば、上の1つ目の式は $a = 2$ のときに、2つ目の式は $x = 3$ のときに成り立ちます。

　Python を使って方程式の解を求めるために、まず「(式) $= 0$」の形になるように移項を行って、次数の高い順に各項の係数のリストを作ります。

　上の1つ目の式は、

$$3a - 4 = 2$$
$$\Rightarrow \quad 3a - 6 = 0$$

ですから、各項の係数は次数の高い順に 3 と -6（定数項の次数は 0）です。これを Python のリスト形式で [3, -6] と表し、NumPy ライブラリの roots 関数に引数として与えれば、方程式の解が出力されます。

　プログラムは次のようになります。

```
import numpy as np
np.roots( [3, -6] )
```

　1行目では、numpy（NumPy）ライブラリをインポートして np という名前で使うことを宣言しています。

> **Note** NumPy は、数値計算をより高速に効率的に行うための Python の拡張モジュールです。モジュールの名称としては「NumPy」を使いますが、プログラムの中でインポートしたり参照する際にはすべて小文字の「numpy」を使います。

　2行目では、numpy の中にある roots という関数を利用して、$3a - 6 = 0$ のときの a を求め

ます。

短いプログラムですので、Python の対話モードで実行してみましょう。

```
>>> import numpy as np
>>> np.roots( [3, -6] )
array([2.])
```

答えとして 1 要素の配列が返されました。この要素の値 2 が方程式の解です。つまり、$a = 2$ が求まりました。

[**問題**]　上にあげたもうひとつの方程式 $2x + 5 = 11$ も Python で解いてみましょう。

[**解説と解答**]　方程式を「(式) $= 0$」の形に変形します。

$$2x + 5 = 11$$
$$\Rightarrow \quad 2x - 6 = 0$$

各項の係数を確認し、Python の対話モードで次のように入力します。

```
>>> import numpy as np
>>> np.roots( [2, -6] )
array([3.])
```

答えとして返された配列の要素の値から、$x = 3$ が求まりました。

なお、プログラムを続けて実行するときには、同じモジュールを再びインポートする必要はありません。　　　　　　　　　　　　　　　　　　　　　　　　　　　　　　　　　　[終]

4.3.2　二次方程式

二次方程式は、a^2 や x^2 のような 2 乗（自乗）の値を含む式です。

$$5x^2 + 2x - 24 = 0$$

このときの x の値を Python で計算してみます。次数の高い順に各項の係数のリストを作って roots() に渡す方法は、一次方程式のときと同じです。

上の式の係数のリストは [5, 2, -24] ですから、対話モードで次のようにして解を求めることができます。

```
>>> import numpy as np
>>> np.roots( [5, 2, -24] )
array([-2.4, 2. ])
```

　結果として 2 要素の配列が得られました。したがって、方程式の解は $x = -2.4$、$x = 2.0$ になります。

　念のため検算してみましょう。$x = -2.4$ のときには、式の値は次のようになります。

```
>>> 5 * ((-2.4) * (-2.4)) + ((-2.4) * 2.0) - 24
-3.552713678800501e-15
```

　0 ではありませんが非常に小さい値なので、実数計算の誤差を考慮するとゼロと見なして良いでしょう。また、$x = 2$ のときには、次のように 0 となるので正しいことがわかります。

```
>>> 5 * ( 2 * 2 ) + 2 * 2 - 24
0
```

[**問題**]　次の式の x を求めてみましょう。

$$6x^2 + 13x - 5 = 0$$

[**解説と解答**]　式の項の値は、次元の高い順に 6、13、−5 です。これをリスト形式で表すと [6, 13, -5] になります。対話モードで解を求めてみましょう。

```
>>> import numpy as np
>>> np.roots( [6, 13, -5] )
array([-2.5       , 0.33333333])
```

　答えは、$x = -2.5$、$x = 0.3333\cdots = 1/3$ になります。次のとおり検算の結果も問題ありません。

```
>>> (1/3 * 1/3) * 6 + 13 * 1/3 - 5
0.0
>>> (-2.5 * -2.5) * 6 + 13 * -2.5 - 5
0.0
```

[終]

4.3.3　高次方程式

高次方程式は、三次以上の次元の変数を持つ関数です。高次方程式も、解がある場合はこれまでやってきた方法で解くことができます。

次の方程式を Python で解いてみましょう。

$$24x^3 - 80x^2 + 34x + 40 = 0$$

対話モードで次のように入力します。

```
>>> import numpy as np
>>> np.roots( [24, -80, 34, 40] )
array([ 2.5 , 1.33333333, -0.5 ])
```

得られた 3 つの解は、$x = 2.5$、$x = 4/3$、$x = -0.5$ です。

4.4　連立方程式

複数の未知数を含む複数の方程式をひと組にしたものを**連立方程式**といいます。

4.4.1　連立方程式

未知数（求める数）が 2 個で、ふたつの方程式となる、次のような問題があるとします。

> 「リンゴとミカンを合わせて 10 個買いました。リンゴ 1 個は 110 円、ミカン 1 個は 30 円で合計金額は 540 円でした。リンゴとミカンはそれぞれいくつ買ったでしょうか？」

リンゴの数を a 個、ミカンの数を b 個とすると、この場合、「リンゴとミカンを合わせて 10 個買いました」ということから、次の式を作ることができます。

$$a + b = 10$$

また、「リンゴ 1 個は 110 円、ミカン 1 個は 30 円で合計金額は 540 円でした。」ということから、次の式を作ることができます。

$$110a + 30b = 540$$

これは連立方程式として、次のようなふたつの式で表現することができます。

$$a + b - 10 = 0 \qquad \cdots (1)$$
$$110a + 30b - 540 = 0 \qquad \cdots (2)$$

この連立方程式を解いてみましょう。まず、式 (1) から

$$a = -b + 10$$

となるので、これを式 (2) の a に代入して b の値を求めます。

$$110(-b + 10) + 30b - 540 = 0$$
$$\Rightarrow \qquad -80b = -560$$
$$\Rightarrow \qquad b = 7$$

求めた b の値を式 (1) に代入して a の値を求めます。

$$a + 7 - 10 = 0$$
$$\Rightarrow \qquad a = 3$$

以上より、$a = 3$、$b = 7$ という結果を得て、リンゴは 3 個、ミカンは 7 個買ったことがわかりました。

この連立方程式の解法を**代入法**といいます。もうひとつの解法である**加減法**も見てみましょう。

式 (1) を 30 倍します。

$$30a + 30b - 300 = 0 \qquad \cdots (1)'$$
$$110a + 30b - 540 = 0 \qquad \cdots (2)$$

式 (1)′ から式 (2) を引きます。

$$\begin{aligned}
30a + 30b - 300 &= 0 \\
-)\underline{110a + 30b - 540} &= 0 \\
-80a + 240 &= 0 \qquad \cdots (3)
\end{aligned}$$

こうして得られた式 (3) から $a = 3$ を得ます。これを式 (1) に代入します。

$$3 + b - 10 = 0$$
$$\Rightarrow \qquad b = 7$$

以上より、$a = 3$、$b = 7$ という結果が得られました。

4.4.2　Python の解法

連立方程式は、Python の sympy というパッケージに入っている Symbol と solve() を使って答えを出すことができます。

プログラムとしては、最初に、sympy をインポートして、sym という名前で使えるようにします。

```
import sympy as sym
```

そして、次のようにシンボルと式を定義します。

```
a = sym.Symbol('a')
b = sym.Symbol('b')
x1 = a + b - 10
x2 = 110 * a + 30 * b - 540
```

さらに次の形式で solve() を呼び出します。

```
sym.solve((x1, x2))
```

この一連のコードを Python の対話モードで実行します。

```
>>> import sympy as sym
>>>
>>> a = sym.Symbol('a')
>>> b = sym.Symbol('b')
>>> x1 = a + b - 10
>>> x2 = 110 * a + 30 * b - 540
>>>
>>> sym.solve((x1, x2))
{a: 3, b: 7}
```

結果として返された{a: 3, b: 7}は、a = 3、b = 7を表すので、リンゴは3個、ミカンは7個という結果が得られました。

なお、import の行を「from sympy import Symbol, solve」とすれば、モジュール sympy から Symbol と solve をインポートして修飾なしで使うことができるようになります。

プログラムとしてまとめると次のようになります。

リスト 4.2　appleorange.py

```
from sympy import Symbol, solve

a = Symbol('a')
b = Symbol('b')
```

```
x1 = a + b - 10
x2 = 110 * a + 30 * b - 540

solve((x1, x2))
```

[**問題**] あんぱん 3 個とカレーぱん 4 個を買ったら 960 円でした。あんぱん 1 個の値段はカレーぱん 1 個の値段の 80% です。あんぱんとカレーぱんはそれぞれいくらでしょうか？

[**解説と解答**] あんぱんを a 円、カレーぱんを b 円とすると、「あんぱん 3 個とカレーぱん 4 個を買ったら 960 円でした。」は次の式で表されます。

$$3a + 4b = 960$$

「あんぱん 1 個の値段はカレーぱん 1 個の値段の 80% です。」は次の式で表されます。

$$a = 0.8b$$

それぞれの式の右辺が 0 になるように変形し、Python のコードを作成します。

```
x1 = a * 3 + b * 4 - 960
x2 = a - 0.8 * b
```

プログラムコード全体は次のようになります。

リスト 4.3　symsolve.py

```
import sympy as sym

a = sym.Symbol('a')
b = sym.Symbol('b')
x1 = a * 3 + b * 4 - 960
x2 = a - 0.8 * b

print(sym.solve((x1, x2)))
```

import の行を「from sympy import Symbol, solve」とすれば、Symbol と solve を修飾なしで使うことができます。

対話モードで実行してみましょう。

```
>>> from sympy import Symbol, solve
>>>
>>> a = Symbol('a')
>>> b = Symbol('b')
>>> x1 = a * 3 + b * 4 - 960
>>> x2 = a - 0.8 * b
>>>
>>> solve((x1, x2))
{a: 120.000000000000, b: 150.000000000000}
```

$a = 120$、$b = 150$ なので、あんぱんは 1 個 120 円、カレーぱんは 1 個 150 円となります。

［終］

第5章

関数の基礎

数学の関数と Python の関数についてと Python の基本的な関数について説明します。

5.1　数学と Python の関数

数学の関数と Python の関数の概念は似ていますが、Python の関数は必ずしも値を返さず、何らかの処理や動作を行うものもあります。

5.1.1　数学の関数

最も基本的な関数は、次の形式で表されて、指定した変数の値 x に対して何かを作用（function）させた結果が y と等しくなります。

$$y = f(x)$$

上のような状態を、「y は x の関数である」ともいいます。

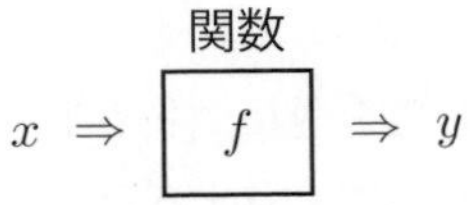

関数

$$x \Rightarrow \boxed{f} \Rightarrow y$$

図 5.1　関数

関数の作成者は関数の内部で行うことの詳細を詳しく知らなければなりません。しかし、関数を使う者にとっては、関数に与える値と関数の作用（機能）、そして関数の結果として得られることさえわかればよく、内部で行われる詳細を知らなくてもかまいません。この点は関数を使う上で重要です。

たとえば、次の関数は x の値を 2 倍する関数の数学的な式です。

$$y = 2x$$

つまり、関数 $f(x) = 2x$ です。この場合、関数を使う者は、関数にひとつの値 x を与えるとその 2 倍の数が返されるということさえ知っていれば十分です。値を 2 倍するための計算の詳細について知る必要はありません。

より複雑な関数もあります。

$$y = 2x^2 + 3x - 5$$

この場合、関数 $f(x) = 2x^2 + 3x - 5$ です。この場合も、式 $2x^2 + 3x - 5$ の実際の演算がどのように行われているかということを関数を使う者は必ずしも知る必要がありません。

つまり、関数は値を与えると結果が返されるある種のブラックボックスとみなすこともできます。

5.1.2　Python の関数

Python の**関数**は、まとめた一連のコードに名前を付けたものです。同じコードを繰り返して使う時に関数は特に役立ちます。

数学の関数とは違って、Python の関数は必ずしも値を返しません。何か作業を行って値を何も返さずに呼び出されたところに戻ることもあります。

Python で関数を定義するときの形式は次の通りです。

```
def 関数名([引数]):
    関数の内容
```

関数名は、一般的にはその関数の機能がわかるような名前を付けます。**引数**は関数に渡される値で、省略することもできます。最後に「:」（コロン）を付けることで、この構文が次に続くことを表します。

関数の内容は、この関数を呼び出したときに実行されるコードですが、特に重要なことは、関数定義の先頭の def より右側にずらして入力するということです。行の先頭を右にずらすためには、行の先頭に空白を入れます。このように、行の先頭に空白を入れることを**インデント**といい、Python ではインデントすることでその行が前の行の中に論理的に含まれることを意味します。

こうして関数をあらかじめ定義しておくと、あとで何度でも呼び出すことができます。

ここでは、関数に twice という名前を付けることにしましょう。この関数の内容は、「関数が受け取った値 x を 2 倍にして返す」というプログラムコードです。この場合、関数名の後のかっこ () の中は関数が受け取った値が保存される変数 x を書きます。

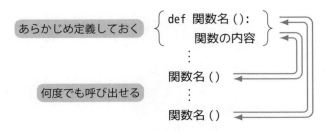

図 5.2 関数と関数の呼び出し

```
def twice(x) :
    return 2 * x
```

対話モードで実際に入力するときには次のようになります。

```
>>> def twice(x) :
...     return 2 * x
...
```

「...」は、コード（この場合は関数定義）が続いていることを表すプロンプトです。「...」
の直後で Enter を押すと、行の継続は中止されて通常のプロンプト（>>>）が表示されます。
　関数を呼び出すときには、あらかじめ必要な変数に値を設定しておいてから、関数名の最後
に () を付けます。たとえば、x に保存した値を引数として関数に渡し、引数の値を 2 倍した
結果を変数 y に保存して、y の値を出力するときには、次のようにします。

```
>>> x = 3
>>> y = twice(x)
>>> y
6
```

　この例では、値を 2 倍にするというプログラムコードをひとつにまとめて twice という名前
で呼び出せるようにすることができました。プログラムコードをひとつにまとめることで、間
違いを探して直す（デバッグ）の手間が減ったり、より確実なプログラムを作成することがで
きるようになります。
　関数を呼び出すために変数 x に値を保存するのではなく、関数の引数に直接値を指定するこ
ともできます。また、対話モードでは、関数を呼び出すだけにすると、関数を呼び出した結果

（関数が返す値）が出力されます。

```
>>> twice(3)
6
>>> twice(5)
10
>>> twice(7)
14
```

　引数は複数でもかまいません。たとえば、addTwo という名前の関数に、a と b という 2 個の値を渡して、加算した結果を返したい（return するようにしたい）場合、次のような関数を定義することができます。

```
def addTwo(a, b):
    return a + b
```

　対話モードでの実行の状況は次のようになります。

```
>>> def addTwo(a, b):
...     return a + b
...
>>> addTwo(2,3)
5
>>> addTwo(2,5)
7
```

[**問題**]　次の数式で表すことができる Python の関数を作ってみましょう。

$$y = x^2$$

[**解説と解答**]　これは、引数で指定された値を 2 乗して返す関数を作るという課題です。引数の値を 2 乗して返す関数の名前を square() とすることにして、関数 square() は次のように定義します。

```
def square(a):
    return a * a
```

　対話モードでの実行の状況は次のようになります。

```
>>> def square(a):
...     return a * a
...
>>> print(square (2))
4
>>> print(square (6))
36
```

［終］

5.2　関数のグラフ

数学では、関数を理解するために、時には解を得るために、よくグラフを描きます。

5.2.1　関数とグラフ

Python では、matplotlib と numpy というパッケージの中のライブラリ（特定の目的のための関数や定数をまとめたもの）を利用することで、グラフをとても容易に描くことができます。ここでは数学的には次の式で表される関数のグラフを描いてみましょう。

$$y = 2x$$

最初に、グラフを描画するために matplotlib というパッケージの中のライブラリ pyplot をインポートして、プログラムの中で plt という名前で（as plt）使えるようにします。

```
import matplotlib.pyplot as plt      # ライブラリをインポートする
```

また、数値をまとめて扱いやすくするために、numpy というライブラリも np という名前でインポートします。

```
import numpy as np
```

そして、グラフを描画する値の範囲を、numpy.arange() を使って定義します。

```
x = np.arange(0, 10.1, 0.1)          # x値の範囲0～10と刻み0.1を設定する
```

この値がグラフの x の値になります。なお、`numpy.arange(n, m, p)` の範囲は n 以上 m 未満で、m は含みません。

グラフの y の値は関数をそのまま記述します。

```
y = 2 * x                       # 関数 y = 2x
```

そして、`matplotlib.pyplot.plot()` でグラフを描画します。`matplotlib.pyplot` は plt としてインポートしているので、`plt.plot()` と省略した形式で記述できます。

```
plt.plot(x, y)                  # グラフを描画する
```

実際にグラフを表示するには、`matplotlib.pyplot.show()` を実行します。

```
plt.show()                      # グラフを表示する
```

まとめると、次のようなコードになります。

リスト 5.1　yeq2x.py

```
import matplotlib.pyplot as plt    # ライブラリをインポートする
import numpy as np

x = np.arange(0, 10.1, 0.1)        # x値の範囲0〜10と刻み0.1を設定する
y = 2 * x                          # 関数 y = 2x

plt.plot(x, y)                     # グラフを描画する
plt.show( )                        # グラフを表示する
```

これを実行すると、図 5.3 のようなグラフが表示されます。

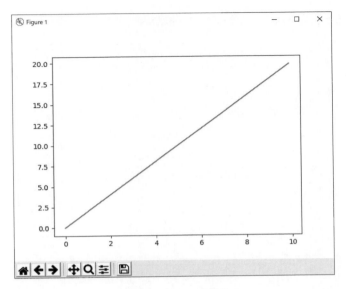

図 5.3 $y = 2x$ のグラフ

横軸は x の値、縦軸は y の値を表し、線の傾きが x と y の関係性を表します。

グラフにグリッドを描きたかったら、グリッドを描画するための次のようなコードを追加します。

```
plt.grid(color = '0.8')          # グリッドを描画する
```

この場合、グリッドは 0.8 の濃さで描かれます。

プログラム全体は次のようになります。

リスト 5.2　yeq2xg.py

```
import matplotlib.pyplot as plt     # ライブラリをインポートする
import numpy as np

x = np.arange(-10, 10.1, 0.1)       # x値の範囲-10〜10と刻み0.1を設定する
y = 2 * x                           # 関数 y = 2x

plt.plot(x, y)                      # グラフを描画する
plt.grid(color = '0.8')            # グリッドを描画する
plt.show( )                         # グラフを表示する
```

これを実行すると、**図** 5.4 のようなグラフが描かれます。

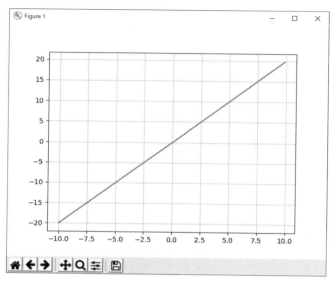

図 5.4 $y = 2x$ のグラフ（正負グリッド付き）

このグラフから、たとえば x が 2.5 のときには y は 5.0 であることがわかります。

[問題] $y = 2x + 3$ のグラフを描きましょう。

[解説と解答] 上のプログラムの式 y = 2 * x を y = 2 * x + 3 に変更します。

```
リスト 5.3    yeq2xplus3.py

import matplotlib.pyplot as plt      # ライブラリをインポートする
import numpy as np

x = np.arange(-10, 10.1, 0.1)        # x値の範囲-10～10と刻み0.1を設定する
y = 2 * x + 3                        # 関数 y = 2x + 3

plt.plot(x, y)                       # グラフを描画する
plt.grid(color = '0.8')              # グリッドを描画する
plt.show( )                          # グラフを表示する
```

グラフは**図** 5.5 のようになります。

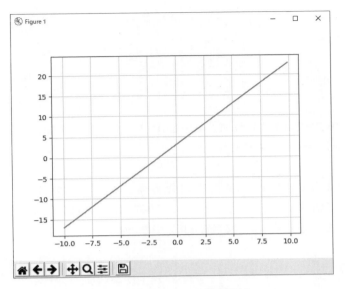

図 5.5 　$y = 2x + 3$ のグラフ

[終]

5.3　組み込み関数

ここまでに、twice() や addTwo()、square() などの関数を定義して使ってみましたが、すべての関数を自分で作る必要はありません。Python には良く使われる関数があらかじめ多数定義されています。

5.3.1　Python の組み込み関数

Python をインストールしただけで使えるようになる関数を**組み込み関数**といいます。ここでは頻繁に使われるいくつかの組み込み関数を紹介します。

関数 abs() は、引数に渡した数値の絶対値を返します。絶対値は実数 x の符号を除いた値であり、数学的には $|x|$ と表します。

abs() は、引数に正の数を指定するとそのまま返され、負の数を指定するとその値に -1 を掛けた値が返されます。

```
>>> abs(5)
5
>>> abs(-6)
6
```

Note 組み込み関数ではありませんが、math というモジュールに含まれている実数の絶対値を
返す math.fabs(x) もあります。

　数学の関数ではありませんが、これまでに何度か使ってきた print() も関数です。print()
関数は、引数として指定した値を出力します。この値には式を評価したものも含まれますから、
式を指定することもできます。また文字列も指定できます。

```
>>> print( 23 )
23
>>> print( 12 + 34 )
46
>>> print( 'Hello, dogs!' )
Hello, dogs!
```

　関数 print() には、複数の値を指定できます。

```
>>> print( 1, 2 * 2, ' 文字列')
1 4 文字列
```

　なお、関数 print() は何も返しません。print() が返した値を変数 a に保存して、type() で
a の型を調べてみると、「<class 'NoneType'>」（型がないこと）であることがわかります。

```
>>> a = print( 2 * 6 )
12
>>> a
>>> type(a)
<class 'NoneType'>
>>>
```

　関数 print() が出力するための関数であるのに対して、入力の際に使うのが関数 input() で
す。input() については 2.3.1 節で学びました。

[**問題**]　Python の組み込み関数にどのようなものがあるか調べてみましょう。

[**解説と解答**]　下記に URL を示す Python のドキュメントに組み込み関数が説明されています。

> https://docs.python.org/ja/3/library/functions.html

Python 11.3 の組み込み関数を**表 5.1** に示します。

表 5.1　Python11 の組み込み関数（一部省略）

abs()	compile()	globals()	map()	reversed()
aiter()	complex()	hasattr()	max()	round()
all()	delattr()	hash()	memoryview()	set()
any()	dict()	help()	min()	setattr()
anext()	dir()	hex()	next()	slice()
ascii()	divmod()	id()	object()	sorted()
bin()	enumerate()	input()	oct()	staticmethod()
bool()	eval()	int()	open()	str()
breakpoint()	exec()	isinstance()	ord()	sum()
bytearray()	filter()	issubclass()	pow()	super()
bytes()	float()	iter()	print()	tuple()
callable()	format()	len()	property()	type()
chr()	frozenset()	list()	range()	vars()
classmethod()	getattr()	locals()	repr()	zip()

[終]

5.4　外部モジュール

Python では、基本的な関数が組み込み関数として組み込まれているほかに、さまざまな**モジュール**をインポートすることで、そのモジュールに関連する関数やクラス、定数などを使うことができます。

5.4.1　モジュールとパッケージ

モジュールにディレクトリの概念を導入したもの、あるいは複数のモジュールをまとめて一括してインストールできるようにしたものを**パッケージ**と呼び、パッケージやモジュール（またはそこに含まれている全体）のことを**ライブラリ**と呼ぶことがあります。

これらの言葉は必ずしも厳密に使われるものではなく、一般的には「パッケージをインストールする」とか「モジュールを使う」や「モジュールをインポートする」、「Python はライブラリが豊富である」などといいます。

5.4.2　外部モジュールの関数

math や NumPy などのモジュールに含まれる関数も、そのモジュールをインポートすることで使えるようになります。

たとえば、第4章では numpy.roots() を使いました。

```
import numpy as np
np.roots( [3, -6] )
```

Python の外部モジュールは膨大にあり、外部モジュールの関数も非常にたくさんあります。これらの外部モジュールの関数は目的に応じて選択して使います。

> **Note**　Python は外部モジュールが充実していて、さまざまなことを外部モジュールの関数などを使って容易に実現できる点で他の多くのプログラミング言語より優れています。

ここでは、さまざまなモジュールに含まれる関数のうち、主なものいくつかを紹介します。

最初に階乗の計算に使う関数をいくつか見てみましょう。階乗は $n!$ で表され、次の式で計算できます。

$$n! = 1 \times 2 \times 3 \times \cdots \times (n-1) \times n$$

たとえば、5! は次のように計算することができます。

```
>>> 5 * 4 * 3 * 2 * 1
120
```

しかし、値が大きくなった時にこのような式を長々と書くのは効率的ではありません。そこで、このような式を書く代わりに math というモジュールに含まれている関数 factorial() を使います。

```
math.factorial()
```

math に含まれている関数を使うために、あらかじめ math をインポートしなければなりません。

```
import math
```

つまり次のようにして階乗の値を求めます。

```
>>> import math
>>> math.factorial(5)
120
```

math モジュールには、重要な数学関数が多数含まれています。たとえば、平方根を求める sqrt() も含まれています。

```
>>> math.sqrt(36)
6.0
>>> math.sqrt(2)
1.4142135623730951
```

math モジュールにに定義されている多くの数学関数は、numpy という数学のためのモジュールでも定義されています。

```
>>> import numpy
>>> numpy.sqrt(36)
6.0
>>> numpy.sqrt(2)
```

```
1.4142135623730951
```

[問題] math モジュールにある関数 math.pow(x, y) と math.sqrt(x) を使ってコードを実行してみましょう。

math モジュールの関数の説明は下記の URL にあります。

    https://docs.python.org/ja/3/library/math.html

[解説と解答] math.pow(x, y) は x の y 乗を計算します。

対話モードでは、たとえば次のように実行することができます。

```
>>> import math
>>> x = 2
>>> y = 3
>>> print(pow(x, y) )
8
```

上の例は、2^3 を計算した例です。

math.sqrt(x) は x の平方根を返します。次の例は 25 の平方根（$\sqrt{25}$）を計算する例です。

```
>>> x = 25
>>> print( math.sqrt(x))
5.0
```

[終]

5.4.3 定数

さまざまなライブラリの中には、定数も定義されています。たとえば math の中には次のような数学定数が定義されています。

表 5.2　math に定義されている数学定数（抜粋）

定数	値
pi	円周率（π）
tau	円周率の 2 倍（2π）
e	自然対数の底（ネイピア数）

これらの値は次の通りです。

```
>>> math.pi
3.141592653589793
>>> math.tau
6.283185307179586
>>> math.e
2.718281828459045
```

たとえば、半径が 3.0 の円の面積は、定数 pi を使って次のようにして求めることができます。

```
>>> math.pi * 3.0 * 3.0
28.274333882308138
```

[問題]　半径 r の円の面積を計算する関数を定義して、半径が 6 と 12 の円の面積を計算してみましょう。

[解説と解答]　半径 r の円の面積を計算する関数 getarea(r) は次のように定義できます。

```
def getarea(r) :
    return r * r * math.pi
```

これを使って対話モードで面積を計算すると、次のようになります。

```
>>> import math
>>>
>>> def getarea(r) :
...     return r * r * math.pi
...
>>> getarea(6)
113.09733552923255
>>> getarea(12)
452.3893421169302
```

[終]

第6章

基本的な関数

この章では、一次関数と二次関数について説明し、高次関数を紹介します。

6.1　一次関数

一次関数は、線型関数（linear function）とも呼ばれる、グラフで描いたときに直線として表される関数です。

6.1.1　一次関数のかたち

数学的には、一次関数は次の式で表現することができます。

$$y = ax + b$$

具体的な関数を表現するときには、a や b には適切な定数を指定します。

グラフを描いたとき、a は直線の傾きを表し、b は $x = 0$ のときの y の位置（Y 軸上の高さ）を表します。

a に負の値を指定すると、グラフは右下に下がる直線になります。

傾き（x が 1 増えたときの y の増加量）を 0.5 とし、$x = 0$ のときの y の位置を 2.5 とすると、式は次のようになります。

$$y = 0.5x + 2.5$$

Python のコードでは上の式は次のようになります。

```
y = 0.5 * x + 2.5
```

この関数は次のコードでグラフ化することができます。

リスト 6.1　yeqhxplus2h.py

```python
import matplotlib.pyplot as plt      # ライブラリをインポートする
import numpy as np

x = np.arange(-10, 11, 1)            # x値の範囲-10〜10と刻み1を設定する
y = 0.5 * x + 2.5                    # 関数 y = 0.5x + 2.5

axes = plt.axes()
axes.set_xlim([-10, 10])
axes.set_ylim([-10, 10])

plt.plot(x, y)                       # グラフを描画する
plt.grid(color = '0.8')             # グリッドを描画する

plt.show()                           # グラフを表示する
```

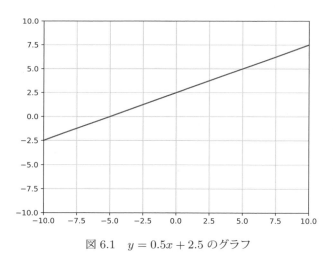

図 6.1　$y = 0.5x + 2.5$ のグラフ

このコードの中の次の 3 行はグラフの X 軸と Y 軸の範囲を定義します。

```python
axes = plt.axes()
axes.set_xlim([-10, 10])
axes.set_ylim([-10, 10])
```

6.1.2 一次関数の x と y の値

一次関数の x と y の値は 1 対 1 で対応しています。つまり、特定の値 x に対して y の値が決まり、異なる x に対して重複することはありません。

たとえば、式 $y = 0.5x + 2.5$ の x と y の値の関係は**表 6.1** のようになります。

表 6.1 式 $y = 0.5x + 2.5$ の x と y の値

x	1	2	3	4	5	6	7	8	9	10
y	3.0	3.5	4.0	4.5	5.0	5.5	6.0	6.5	7.0	7.5

このときの y の一連の値をプログラムで計算することができます。このような計算では繰り返して計算を行うので、**for 文**を使います。for 文の構文は次のとおりです。

```
for val in list :
    繰り返し実行するコード
```

これは、list の中の要素に対して順に「**繰り返し実行するコード**」を実行します。

次の例は、x が 1 から 10 になるまで、数字を繰り返し出力します。

```
>>> for x in [1,2,3,4,5,6,7,8,9,10]:
...     print( x )
...
1
2
3
4
⋮（略）
8
9
10
```

なお、この for 文の [1,2, ..., 10] の部分を、Python の組み込み関数 range() を使って range(1, 11) と書き換えても同じ結果が得られます。

標準関数 range() は、指定した範囲の数列を含むリストを生成するための関数です。たとえば、range(8) は [0,1,2,3,4,5,6,7] を生成します。

次のようにすると、x の値が 1 から 10 に対する式 $y = 0.5x + 2.5$ の y の値を出力できます。

```
>>> for x in range(1, 11):          # xの値が1から10になるまで繰り返す。
...     print (x, 0.5 * x + 2.5)
...
1 3.0
2 3.5
3 4.0
4 4.5
5 5.0
6 5.5
7 6.0
8 6.5
9 7.0
10 7.5
```

計算した 10 個の y の値を後で利用する場合は、最初に空のリストを作って、append() でリストに値を追加していきます。

リスト 6.2　yeqhxplus2hval.py

```
y = []                       # 空のリストを作成する
for x in range(1, 11):
    y.append(0.5 * x + 2.5)

print (y)
```

このプログラムを実行すると、次のように出力されます。

```
[3.0, 3.5, 4.0, 4.5, 5.0, 5.5, 6.0, 6.5, 7.0, 7.5]
```

これは、式 $y = 0.5x + 2.5$ の x が 1〜10 までの y の値を表します。

[問題]　次の式が表すグラフを描いてみましょう。

$$y = 2x - 4.5$$

[解説と解答]　式は Python のコードでは次のようになります。

```
y = 2 * x - 4.5
```

次のようなスクリプトを作成します。

リスト 6.3　yeq2xminus4h.py

```python
import matplotlib.pyplot as plt      # ライブラリをインポートする
import numpy as np

x = np.arange(-10, 11, 1)            # x値の範囲-10〜10と刻み1を設定する
y = 2 * x - 4.5

axes = plt.axes()
axes.set_xlim([-10, 10])
axes.set_ylim([-10, 10])

plt.plot(x, y)                       # グラフを描画する
plt.grid(color = '0.8')              # グリッドを描画する
plt.show()                           # グラフを表示する
```

このスクリプトを実行すると、**図 6.2** のようなグラフが描かれます。

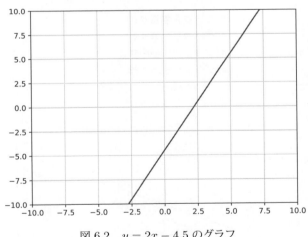

図 6.2　$y = 2x - 4.5$ のグラフ

［終］

6.1.3　平行

式 $y = ax + b$ の a の値が同じで b の値が異なる 2 本の直線は互いに平行になります。

たとえば、次のふたつの関数をグラフに描いてみます。

$$y = 0.5x + 2.5$$
$$y = 0.5x + 1.0$$

プログラムは次のようにします。

リスト 6.4　para.py

```python
import matplotlib.pyplot as plt
import numpy as np

x = np.arange(-10, 11, 1)        # x値の範囲-10〜10と刻み1を設定する

y1 = 0.5 * x + 2.5               # 関数 y = 0.5x + 2.5
y2 = 0.5 * x + 1.0               # 関数 y = 0.5x + 1.0

axes = plt.axes()
axes.set_xlim([-10, 10])
axes.set_ylim([-10, 10])

plt.plot(x, y1)                  # グラフを描画する
plt.plot(x, y2)                  # グラフを描画する
plt.grid(color = '0.8')         # グリッドを描画する
plt.show()                       # グラフを表示する
```

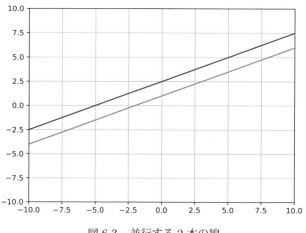

図 6.3　並行する 2 本の線

描かれたグラフ（**図 6.3**）からも、式 $y = ax + b$ の a の値は直線の傾きを表すことが明らかです。

6.1.4 直交

式 $y = a_1x + b_1$ と式 $y = a_2x + b_2$ の a_1 と a_2 を掛けた値（$a_1 \times a_2$）が -1 になる 2 本の直線の関係は直交（直角に交わる関係）になります。

たとえば、0.5 と -2.0 を掛けた値は -1 になるので、次のふたつの関数を描いてみます。

$$y = 0.5x + 2.5$$
$$y = -2.0x + 1.0$$

プログラムは次のようにします。

リスト 6.5　orthogon.py

```python
import matplotlib.pyplot as plt
import numpy as np

x = np.arange(-10, 11, 1)        # x値の範囲-10～10と刻み1を設定する

y1 = 0.5 * x + 2.5               # y = 0.5x + 2.5
y2 = -2.0 * x + 1.0              # y = -2.0x + 1.0

axes = plt.axes()
axes.set_xlim([-10, 10])
axes.set_ylim([-10, 10])

plt.plot(x, y1)                  # グラフを描画する
plt.plot(x, y2)                  # グラフを描画する
plt.grid(color = '0.8')          # グリッドを描画する
plt.show()                       # グラフを表示する
```

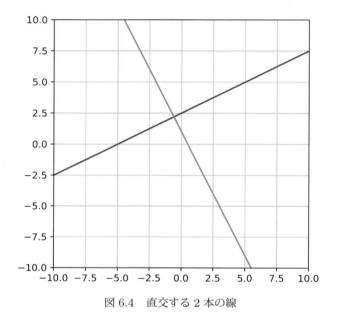

図 6.4　直交する 2 本の線

交点の座標を求めるときには、交点の x 座標と y 座標が等しいことを利用します。

$$\begin{cases} y = 0.5x + 2.5 \\ y = -2.0x + 1.0 \end{cases} \Rightarrow \quad 0.5x + 2.5 = -2.0x + 1.0$$

$$\Rightarrow \quad x = -0.6$$

x が求まったら、$y = 0.5x + 2.5$ に $x = -0.6$ を代入すると

$$y = 0.5 \times (-0.6) + 2.5 = 2.2$$

よって、交点の座標 (x, y) は $(-0.6, 2.2)$ になります。

Python でこの問題を解くには、4.4.2 節で連立方程式を解いたのと同じ sympy.Symbol と sympy.solve() を使う方法で解きます。

リスト 6.6　ortho.py

```python
from sympy import Symbol, solve

x = Symbol('x')
y = Symbol('y')

ex1 = 0.5 * x + 2.5 - y
ex2 = (-2.0) * x + 1.0 - y
```

```
xy = sym.solve((ex1, ex2))

print(xy)
```

このスクリプトを実行すると、次の結果が得られます。

```
{x: -0.600000000000000, y: 2.20000000000000}
```

6.1.5 交差

2本の平行でない線を表す式 $y = a_1 x + b_1$ と式 $y = a_2 x + b_2$ には2本の線が交わる交点があります。

たとえば、次のふたつの関数を描いてみます。

$$y_1 = 0.5x + 2.5$$
$$y_2 = 2.0x + 1.0$$

Python のプログラムは次のようにします。

リスト 6.7　intersect.py

```
import matplotlib.pyplot as plt
import numpy as np

x = np.arange(-10, 11, 1)        # x値の範囲-10～10と刻み1を設定する

y1 = 0.5 * x + 2.5               # 関数1
y2 = 2.0 * x + 1.0               # 関数2

axes = plt.axes()
axes.set_xlim([-10, 10])
axes.set_ylim([-10, 10])

plt.plot(x, y1)                  # グラフを描画する
plt.plot(x, y2)                  # グラフを描画する
plt.grid(color = '0.8')          # グリッドを描画する
plt.show()                       # グラフを表示する
```

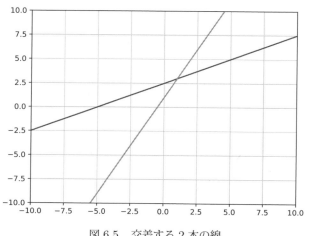

図 6.5　交差する 2 本の線

交点の座標を求めるときには、交点の x 座標と y 座標が等しいことを利用します。

$$\begin{cases} y = 0.5x + 2.5 \\ y = 2.0x + 1.0 \end{cases} \Rightarrow \quad 2.0x + 1.0 = 0.5x + 2.5$$

$$\Rightarrow \quad x = 1$$

x が求まったら、$y = 0.5x + 2.5$ に $x = 1$ を代入すると

$$y = 0.5 + 2.5 = 3.0$$

よって、交点の座標 (x, y) は $(1.0, 3.0)$ になります。

Python では次のようにしてこの問題を解くことができます。

リスト 6.8　inter.py

```python
from sympy import Symbol, solve

x = Symbol('x')
y = Symbol('y')

ex1 = 0.5 * x + 2.5 - y
ex2 = 2.0 * x + 1.0 - y

xy = sym.solve((ex1, ex2))

print(xy)
```

このスクリプトを実行すると、次の結果が得られます。

```
{x: 1.00000000000000, y: 3.00000000000000}
```

6.2　二次関数

二次関数は、y の値を x の二次式で表せる関数です。

6.2.1　二次関数のかたち

二次関数は、次の式で表現することができます。

$$y = ax^2 + bx + c$$

具体的な関数を表現するときには、a や b、c には適切な定数を指定します。a は放物線のとがりぐあいと描く方向を決定し、b は左右にシフトする量を、c は上下にシフトする量を決定します。

もっとも単純な二次関数の式は次の通りです。

$$y = x^2$$

これは次のコードでグラフ化することができます。

リスト 6.9　yeqxbyx.py

```python
import matplotlib.pyplot as plt
import numpy as np

x = np.arange(-1.0, 1.01, 0.01)
y = x * x

plt.plot(x, y)              # グラフを描画する
plt.grid(color = '0.8')     # グリッドを描画する
plt.show()                  # グラフを表示する
```

次のような放物線が描かれます。

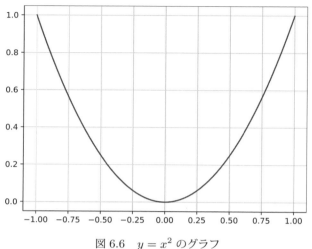

図 6.6　$y = x^2$ のグラフ

6.2.2　係数を変えた放物線

次に、$y = ax^2$ の a の値を変えた 3 本の放物線を描いてみます。

リスト 6.10　yeqaxx.py

```python
import matplotlib.pyplot as plt
import numpy as np

x = np.arange(-1.0, 1.01, 0.01)

y = x * x
y1 = 1.2 * x * x
y2 = 0.8 * x * x

plt.plot(x, y)              # グラフを描画する
plt.plot(x, y1)             # グラフを描画する
plt.plot(x, y2)             # グラフを描画する
plt.grid(color = '0.8')     # グリッドを描画する
plt.show()                  # グラフを表示する
```

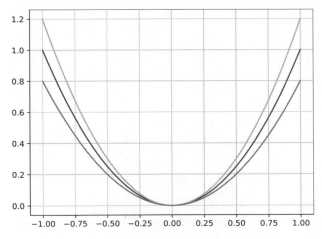

図 6.7　$y = ax^2$ の a の値を変えた 3 本の放物線

次に、$y = x^2 + bx$ の b の値を変えた 3 本の放物線を描いてみます。

リスト 6.11　yeqxxplusbx.py

```python
import matplotlib.pyplot as plt
import numpy as np

x = np.arange(-1.0, 1.01, 0.01)

y = x * x
y1 = x * x + x
y2 = x * x - 1.0 * x

plt.plot(x, y)              # グラフを描画する
plt.plot(x, y1)             # グラフを描画する
plt.plot(x, y2)             # グラフを描画する
plt.grid(color = '0.8')     # グリッドを描画する
plt.show()                  # グラフを表示する
```

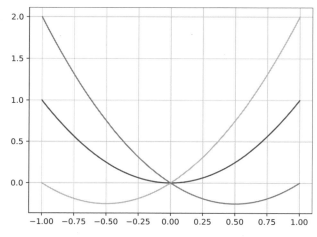

図 6.8　$y = x^2 + bx$ の b の値を変えた 3 本の放物線

最後に、$y = x^2 + c$ の c の値を変えた 3 本の放物線を描いてみます。

リスト 6.12　yeqxxplusc.py

```python
import matplotlib.pyplot as plt
import numpy as np

x = np.arange(-1.0, 1.01, 0.01)

y = x * x
y1 = x * x + 0.2
y2 = x * x - 0.2

plt.plot(x, y)              # グラフを描画する
plt.plot(x, y1)             # グラフを描画する
plt.plot(x, y2)             # グラフを描画する
plt.grid(color = '0.8')     # グリッドを描画する
plt.show()                  # グラフを表示する
```

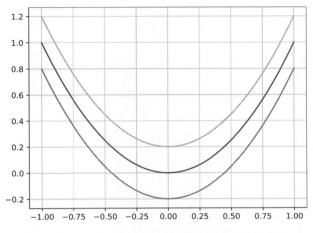

図 6.9　$y = x^2 + c$ の c の値を変えた 3 本の放物線

[問題]　式 $y = ax^2 + bx + c$ の a や b、c に任意の値を指定してグラフを描きましょう。

[解説と解答]　次の例は、$y = 1.1x^2 + 0.2x - 2$ のグラフを描く例です。

リスト 6.13　yeqaxxbxc.py

```python
import matplotlib.pyplot as plt
import numpy as np

x = np.arange(-1.0, 1.01, 0.01)
y = 1.1 * x * x + 0.2 * x - 2

plt.plot(x, y)                  # グラフを描画する
plt.grid(color = '0.8')         # グリッドを描画する
plt.show()                      # グラフを表示する
```

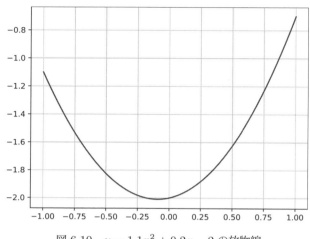

図 6.10　$y = 1.1x^2 + 0.2x - 2$ の放物線

[終]

6.2.3　負の曲線

a に負の値を指定すると、グラフは下に下がる直線になります。

$$y = -1 \times x^2$$

これは次のコードでグラフ化することができます。

リスト 6.14　yeqminusxx.py

```python
import matplotlib.pyplot as plt
import numpy as np

x = np.arange(-1.0, 1.01, 0.01)
y = -1 * x * x

plt.plot(x, y)                  # グラフを描画する
plt.grid(color = '0.8')         # グリッドを描画する
plt.show()                      # グラフを表示する
```

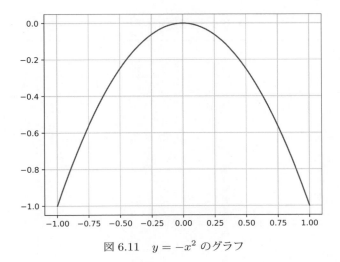

図 6.11　$y = -x^2$ のグラフ

6.3　高次関数

2 次元以上の高次元の関数を作ることもできます。

6.3.1　高次関数のかたち

高次関数は、3 次以上の次元の変数を持つ関数です。3 次以上の次元が表す線は複雑な曲線になります。

たとえば、3 次関数は、次の式で表現することができます。

$$y = ax^3 + bx^2 + cx + d$$

次の例は、$y = 0.8x^3 + 1.1x^2 + 0.2x - 2$ のグラフを描く例です。

リスト 6.15　yeqax3bx2cxd.py

```python
import matplotlib.pyplot as plt
import numpy as np

x = np.arange(-1.0, 1.01, 0.01)
y = 0.8 * x ** 3 + 1.1 * x * x + 0.2 * x - 2


plt.plot(x, y)                  # グラフを描画する
plt.grid(color = '0.8')         # グリッドを描画する
```

```
plt.show()                  # グラフを表示する
```

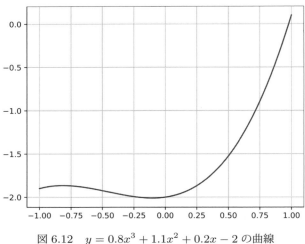

図 6.12　$y = 0.8x^3 + 1.1x^2 + 0.2x - 2$ の曲線

［問題］　4 次関数のグラフを描いてみましょう。

［解説と解答］　たとえば、次のような 4 次関数を考えます。

$$y = 0.8x^4 - 0.2x^3 + 1.2x^2 - 3x - 5.0$$

これを描くスクリプトは次のようになります。

リスト 6.16　forth.py

```python
import matplotlib.pyplot as plt
import numpy as np

x = np.arange(-5.0, 5.0, 0.01)
y = 0.8 * x ** 4 - 0.2 * x ** 3 + 1.2 * x ** 2 - 3.0 * x - 5.0

axes = plt.axes()
axes.set_xlim([-5, 5])
axes.set_ylim([-10, 10])

plt.plot(x, y)              # グラフを描画する
plt.grid(color = '0.8')     # グリッドを描画する
plt.show()                  # グラフを表示する
```

このスクリプトを実行すると、次のようなグラフが描かれます。

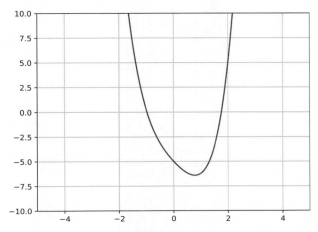

図 6.13　$y = 0.8x^4 - 0.2x^3 + 1.2x^2 - 3x - 5.0$ のグラフ

［終］

第7章

三角関数

この章ではさまざまな場面で使われる三角関数について学習します。

7.1 基礎知識

ここでは、三角関数を理解するために必要な基礎的なことを取り上げます。

7.1.1 円周率

円周率は、円の直径に対する円周の長さの比率のことで、一般的に π（パイ）と表します。円周の長さを l、円の半径を r とすると、次の関係があります。

$$l = 2\pi r$$

Python には、円周率が `math.pi` として定義されています。

```
>>> import math
>>> math.pi
3.141592653589793
```

この値を使って、たとえば半径が 5.0 の円の円周を計算するなら、次のようにします。

```
>>> 2.0 * math.pi * 5.0
31.41592653589793
```

また、円の面積を a とすると円の半径（r）との間には次の関係があります。

$$a = \pi r^2$$

たとえば、半径が 5.0 の円の面積を計算するなら、次のようにします。

```
>>> math.pi * 5.0 * 5.0
78.53981633974483
```

さらに、球の表面積を S、球の体積を V とすると、それらと円の半径（r）との間には次の関係があります。

$$S = 4\pi r^2, \quad V = \frac{4}{3}\pi r^3$$

半径が 5.0 の球の表面積と体積を計算するなら、次のようにします。

```
>>> 4 * math.pi * 5.0 * 5.0          # 表面積
314.1592653589793
>>> (4.0 / 3.0) * math.pi * 5.0 ** 3  # 体積
523.5987755982989
```

このように円や球と円周率 π には密接な関係があります。

［**問題**］　半径が 7.5 の円の円周の長さと面積を Python で計算してみましょう。

［**解説と解答**］　次のようなコードを実行します。

```
import math

r = 7.5

l = math.pi * 2.0 * r
print('円周の長さ=', l)

a = math.pi * r * r
print('円の面積=', a)
```

［終］

7.1.2　弧度法

初歩の算数では、角度は度（ド）で表します。これを**度数法**といいます。

　たとえば、円を 1 周するときの中心角度は 360 度、円を半周するときの中心角度は 180 度、円を 1/4 周するときの中心角度は 90 度です。

　これに対して、**弧度法**と呼ぶ角度の呼び方では、180 度を π、360 度を 2π で表します。たとえば、円を 1 周するときの中心角度は 2π、円を半周するときの中心角度は π、円を 1/4 周するときの中心角度は π/2 です。

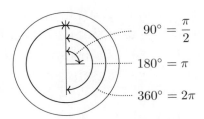

$$90° = \frac{\pi}{2}$$
$$180° = \pi$$
$$360° = 2\pi$$

図 7.1　円の中心角（度数法と弧度法）

　正三角形の頂点の内角（60 度）は、弧度法では π/3 です。また、三角定規として良く使われる直角三角形の内角は 45 度、45 度、90 度と、30 度、60 度、90 度ですが、45 度は弧度法では π/4、30 度は弧度法では π/6 です。

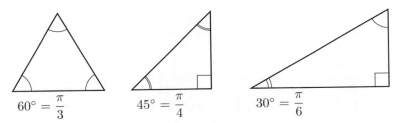

$$60° = \frac{\pi}{3} \qquad 45° = \frac{\pi}{4} \qquad 30° = \frac{\pi}{6}$$

図 7.2　三角形の内角（度数法と弧度法）

　弧度法の単位はラジアン（radian）です。コンピューターによる角度を伴う演算では、通常はこの弧度法を使います。良く使われる角度の度数法（度）と弧度法（ラジアン）の対応を、**表 7.1** に示します。

表 7.1　度数法と弧度法の対応

度数法	弧度法	弧度法の実数値
0°	0	0.0
30°	$\pi/6$	0.5235987755982988
45°	$\pi/4$	0.7853981633974483
60°	$\pi/3$	1.0471975511965976
90°	$\pi/2$	1.5707963267948966
180°	π	3.141592653589793
360°	2π	6.283185307179586

　Python で、度数法による角度（度）を弧度法による角度（ラジアン）に変換するときには、`math.radians()` や `numpy.deg2rad()` を使うことができます。

```
import math
theta = math.radians(deg)
```

　または

```
import numpy
theta = numpy.deg2rad(deg)
```

　弧度法による角度（ラジアン）を度数法による角度（度）に変換するときには、`math.degrees()` を使うことができます。

```
import math
deg = math.degrees(theta)
```

　たとえば、0.7853981633974483 ラジアンを度数に変換するときには次のようにします。

```
>>> import math
>>> theta = 0.7853981633974483
>>> deg = math.degrees(theta)
>>> deg
45.0
```

0.7853981633974483 ラジアンは 45° であることがわかります。

7.2 三角関数

ここでは、サイン、コサイン、タンジェントおよびその他の三角関数について学びます。

7.2.1 sin と cos

三角関数は、図 7.3 に示すような三角形の角の大きさ（θ）と線分の長さの関係を表す関数です。

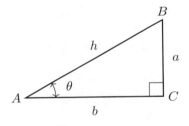

図 7.3　直角三角形

この直角三角形は、A、B、C の 3 個の頂点を持ち、AB の長さを h、BC の長さを a、AC の長さを b とします。

sin（sine、サイン、正弦）および cos（cosine、コサイン、余弦）は、それぞれ次の式で表されます。

$$\sin\theta = \frac{a}{h}, \quad \cos\theta = \frac{b}{h}$$

sin は斜線の長さ h から高さ（Y 軸方向の長さ）a を、cos は斜線の長さ h から横方向の長さ（X 軸方向の長さ）b を計算することができます。また図形などの回転に使われるので、プログラミングではかなり頻繁に使われます。

math モジュールと numpy には sin や cos を計算するための関数が用意されています。このとき、角度はラジアン単位で指定するので、度数法による角度（度）を弧度法による角度（ラジアン）に変換するために math.radians() や numpy.deg2rad() を使うことができます。

あるいは、π（典型的には math.pi）を使って計算することもできます。たとえば、30° は π/6 なので、sin 30° は次のようにして計算することもできます。

```
>>> import math
>>> theta = math.pi / 6.0
>>> math.sin(theta)
0.49999999999999994
```

実際には $\sin 30°$ は $1/2 = 0.5$ なので、この答えは誤差を含む近似値です。
また、$60°$ は $\pi/3$ なので、$\cos 60°$ は次のようにして計算できます。

```
>>> import math
>>> theta = math.pi / 3.0
>>> math.cos(theta)
0.5000000000000001
```

［問題］　$\sin 60°$ と $\cos 60°$ の値を Python で計算してみましょう。

［解説と解答］　最初に、度数を弧度法に変換します。

```
deg = 60                      # 60°
theta = math.radians(deg)
```

そして、$\sin 60°$ と $\cos 60°$ の値を計算して出力します。

```
print(math.sin(theta))
print(math.cos(theta))
```

対話モードで実行するなら、次のようにします。

```
>>> import math
>>>
>>> deg = 60                      # 60°
>>> theta = math.radians(deg)
>>> print('sin60°=', math.sin(theta))
sin60°= 0.8660254037844386
>>> print('cos60°=', math.cos(theta))
cos60°= 0.5000000000000001
```

［終］

7.2.2 tan

tan（tangent、タンジェント、正接）は、次の式で表されます。

$$\tan\theta = \frac{a}{b}$$

tan は直線の傾きを表し、距離と角度から高さを求めるようなときに良く使われます。
たとえば、30° は $\pi/6$ なので、tan 30° は次のようにして計算できます。

```
>>> import math
>>> theta = math.pi / 6.0
>>> math.tan(theta)
0.5773502691896257
```

このほかに、三角関数として、sec（secant、セカント、正割）、csc（cosecant、コセカント、余割）、cot（cotangent、コタンジェント、余接）がありますが、プログラミングでは頻繁には使われません。

7.2.3 逆関数

3 個の三角関数（sin、cos、tan）の次にプログラミングで頻繁に使われるのは、この 3 個の三角関数の逆の作用を持つ逆三角関数です。

表 7.2　逆関数

逆関数	Python の関数	元の関数
arcsin（arcsine、アークサイン、逆正弦）	math.asin()	sin
arccos（arccosine、アークコサイン、逆余弦）	math.acos()	cos
arctan（arctangent、アークタンジェント、逆正接）	math.atan()、math.atan2()	tan

逆関数は、ある関数の逆の作用を持ちます。たとえば、sin() が指定した角度から高さの値 x を返すのに対して、sin() の逆関数である asin() は高さの値 x から角度 θ を返します。

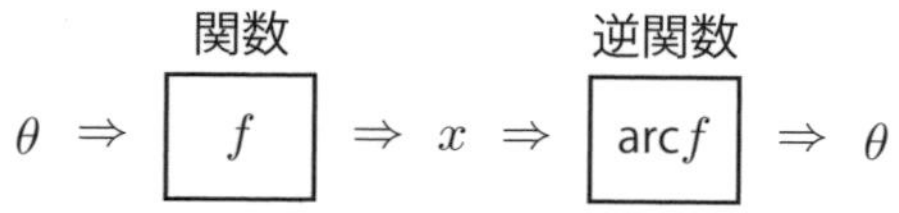

$$\theta \;\Rightarrow\; \boxed{f} \;\Rightarrow\; x \;\Rightarrow\; \boxed{\mathrm{arc}f} \;\Rightarrow\; \theta$$

図 7.4　逆関数

　次の例は、$\sin(\pi/6)$ の値を求めた後で、逆関数 asin の値を求める例です。結果として、もとの値が得られます。

```
>>> import math
>>> theta = math.pi / 6.0
>>> print(theta)
0.5235987755982988              # 30° = π /6の値
>>> x = math.sin(theta)
>>> print(x)
0.49999999999999994             # sin(π /6)の値
>>> theta = math.asin(x)
>>> print(theta)
0.5235987755982988              # asin(x)の値=0° = π /6
```

7.3　三角関数のグラフ

　三角関数もグラフで描くとより理解しやすくなることがあります。

7.3.1　sin のグラフ

　三角関数のグラフは、横軸（X 軸）に角度を指定します。このとき、一般的には角度は 0〜2π まで、あるいは $-\pi$〜π までにします。それ以外の範囲は同じ図形の繰り返しになるからです。π の値は math.pi を使っても構いませんが、ここでは numpy という数学のモジュールを使うことにして、numpy.pi を使って描きます。

リスト 7.1　sinplot.py

```
import matplotlib.pyplot as plt
import numpy as np

x = np.linspace(0, 2 * np.pi, 500)
```

```
plt.plot(x,np.sin(x))
plt.grid(color = '0.8')          # グリッドを描画する
plt.show()
```

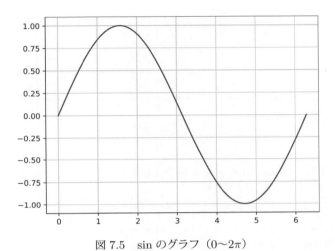

図 7.5　sin のグラフ（0〜2π）

x の値を −π〜π にするなら、次のようにします。

リスト 7.2　sinplot1.py

```
import matplotlib.pyplot as plt
import numpy as np

x = np.linspace(-1 * np.pi, np.pi, 500)

plt.plot(x,np.sin(x))
plt.grid(color = '0.8')       #グリッドを描画する
plt.show()
```

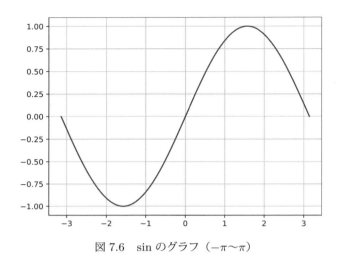

図 7.6　sin のグラフ（−π〜π）

[**問題**]　$y = \sin(x)$ と $y = \cos(x)$ を表す曲線を重ねたグラフを描きましょう。

[**解説と解答**]　たとえば、次のようなプログラムを実行します。

```
import matplotlib.pyplot as plt
import numpy as np

x = np.linspace(-1 * np.pi, np.pi, 500)

plt.plot(x,np.sin(x))
plt.plot(x,np.cos(x))
plt.grid(color = '0.8')      # グリッドを描画する
plt.show()
```

次のようなグラフが表示されます。

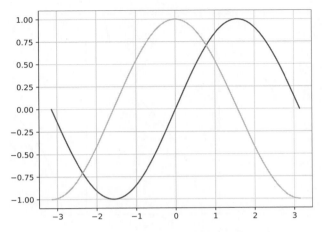

図 7.7 $y = \sin(x)$ と $y = \cos(x)$ を表す曲線

［終］

7.3.2 tan のグラフ

タンジェントのグラフも同様にして描くことができそうです。

リスト 7.3 tanplot0.py

```python
import numpy as np
import matplotlib.pyplot as plt

x = np.linspace(-np.pi, np.pi)

plt.plot(x, np.tan(x))
plt.xlim(-np.pi, np.pi)
plt.ylim(-2.0, 2.0)
plt.grid(color = '0.8')      # グリッドを描画する
plt.show()
```

　しかし、タンジェントの場合は角度が $n\pi + \pi/2$ のときは無限大になり、$n\pi - \pi/2$ のときには負の無限大になるので、グラフにおかしな縦線が描かれてしまいます。

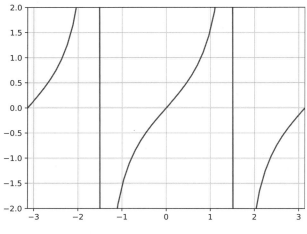

図 7.8　tan のグラフ（試行版）

そこで、y の値が一定の場合に無限大（numpy.inf）にしてしまいます。

```python
y[y>10.0] = np.inf
y[y<-10.0] = np.inf
```

スクリプト全体は次のようになります。

リスト 7.4　tanplot.py

```python
import numpy as np
import matplotlib.pyplot as plt

x = np.linspace(-np.pi, np.pi)
y = np.tan(x)

y[y>10.0] = np.inf
y[y<-10.0] = np.inf

plt.plot(x, y)
plt.xlim(-np.pi, np.pi)
plt.ylim(-3.0, 3.0)
plt.grid(color = '0.8')      # グリッドを描画する
plt.show()
```

これでタンジェントのグラフを次のように描くことができます。

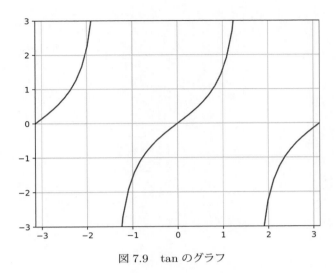

図 7.9　tan のグラフ

第8章

空間と位置

　複数の値からなる数をイメージすることは難しいことがありますが、位置に置き換えることで分かりやすくなることがあります。位置は特定の空間上に定義されます。位置は、座標で定義されるほかに、ベクトルで定義することもできます。

8.1　位置と座標

複数の数を x と y のような変数に割り当てて、平面上の座標で表すことができます。

8.1.1　二次元空間

　二次元の場合、ある点の位置は二次元空間上に定義されます。一般的には横方向を X とし、縦方向を Y とした、XY 空間に定義します。

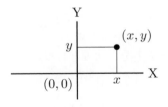

図 8.1　二次元空間と点

　このときの点の水平方向の位置 x は原点 $(0,0)$ からの水平方向（X 軸方向）の距離、垂直方向の位置 y は原点 $(0,0)$ からの垂直方向（Y 軸方向）の距離で表され、直感的にもわかりやすい表現です。

8.1.2 三次元空間

三次元のときには、ある点の位置は三次元空間に定義されます。一般的には横方向を X とし、縦方向を Y とし、さらに奥行き方向を Z 軸とした、XYZ 空間に定義します。

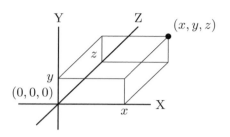

図 8.2　三次元空間と点

このときの点の水平方向の位置 x は原点 $(0, 0, 0)$ からの水平方向（X 軸方向）の距離、垂直方向の位置 y は原点 $(0, 0, 0)$ からの垂直方向（Y 軸方向）の距離、奥行き方向の位置 z は原点 $(0, 0, 0)$ からの奥行方向（Z 軸方向）の距離で表されます。

8.2　二点間の距離

一次元の世界では 2 点間の距離は単純な引き算で計算できますが、二次元以上になるとより複雑な計算が必要になります。

8.2.1　二次元空間の距離

直角三角形では、直角をはさむ 2 辺を a と b とし斜辺を c とした場合、次の式が成り立ちます。

$$a^2 + b^2 = c^2$$

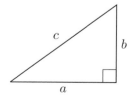

図 8.3　直角三角形

これを**三平方の定理**または**ピタゴラスの定理**といいます。

二次元空間上のふたつの点の距離は、上に示した公式の a に相当する $(x_2 - x_1)$ の 2 乗と b に相当する $(y_1 - y_2)$ の 2 乗を足した値が、c の 2 乗になります。

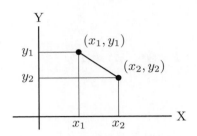

図 8.4 二次元空間での 2 点間の距離

2 乗した値は正になるので、$(x_2 - x_1)^2$ と $(x_1 - x_2)^2$ は同じ値になります。よって、(x_1, y_1) と (x_2, y_2) を結ぶ線分の長さの 2 乗は、次の式で計算できます。

$$l^2 = (x_1 - x_2)^2 + (y_1 - y_2)^2$$

従って、(x_1, y_1) と (x_2, y_2) を結ぶ線分の長さ l は、以下の式で求めることができます。

$$l = \sqrt{(x_1 - x_2)^2 + (y_1 - y_2)^2}$$

たとえば、$(5, 2)$ と $(2, 6)$ を結ぶ線の距離は次の式で計算できます。

$$l = \sqrt{(5 - 2)^2 + (2 - 6)^2} = \sqrt{3^2 + 4^2} = \sqrt{25} = 5$$

これを Python で計算するときには次のようにします。

```
import math

x1 = 5
y1 = 2
x2 = 2
y2 = 6

l = math.sqrt( (x1 -x2) ** 2 + (y1 - y2) ** 2 )
```

対話モードで実行する例を次に示します。

```
>>> import math
>>> x1 = 5
>>> y1 = 2
>>> x2 = 2
>>> y2 = 6
>>>
>>> l = math.sqrt( (x1 -x2) ** 2 + (y1 - y2) ** 2 )
>>> print (l)
5.0
```

[問題]　点 A(4, 3) と点 B(−4, −3) の距離を求めてみましょう。

[解説と解答]　次のスクリプトを実行します。

```
import math

x1 = 4
y1 = 3
x2 = -4
y2 = -3

l = math.sqrt( (x1 -x2) ** 2 + (y1 - y2) ** 2 )
print (l)
```

結果は 10 になります。

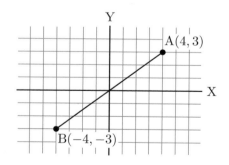

図 8.5　点 A(4, 3) と点 B(−4, −3) を結ぶ線

この場合、点 A と点 B を結ぶ線は原点を通ります。A から原点までの距離は次の式から 5

とわかります。

$$\sqrt{4^2 + 3^2} = \sqrt{25} = 5$$

また、原点から B までの距離も 5 で、A と B の距離は 10 になります。 ［終］

8.2.2 三次元空間の距離

三次元空間のふたつの点の座標は (x_1, y_1, z_1) と (x_2, y_2, z_2) で表されます。

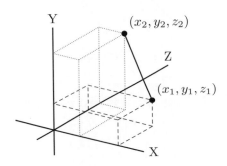

図 8.6 三次元空間での 2 点間の距離

このふたつの点を結ぶ線分の長さ l は、以下の式で求めることができます。

$$l = \sqrt{(x_1 - x_2)^2 + (y_1 - y_2)^2 + (z_1 - z_2)^2}$$

たとえば、$(5, 2, 3)$ と $(2, 6, 4)$ を結ぶ線の距離は次の式で計算できます。

$$l = \sqrt{(5 - 2)^2 + (2 - 6)^2 + (3 - 4)^2} = \sqrt{26}$$

これを Python で計算すると、次のような結果が得られます。

```
>>> import math
>>> math.sqrt((5 - 2)**2 + (2 - 6)**2 + (3 - 4)**2)
5.0990195135927845
```

8.3 ベクトル

ベクトルは大きさと方向をもつ量です。空間上では、位置は、座標で定義されるほかに、ベクトルで定義することもできます。

8.3.1 ベクトルの基礎

ベクトルは、矢印の長さで大きさを表し、矢印の方向で向きを表します。

ベクトルに対して、大きさだけの値（方向がない値）を**スカラー**といいます。

ベクトルを表現するときには、$\vec{a}$ や $\overrightarrow{AB}$ で表します。

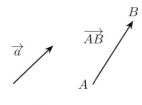

図 8.7　ベクトル

ベクトルの成分は、横方向の長さ x_a と縦方向の長さ y_a に分解することができ、次のように表します。

$$\vec{a} = (x_a, y_a)$$

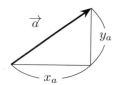

図 8.8　ベクトルの成分

また、ベクトルの成分は始点 $A(x_1, y_1)$ と終点 $B(x_2, y_2)$ というふたつの座標の差で次のように表すこともできます。

$$\overrightarrow{AB} = (x_2 - x_1, y_2 - y_1)$$

ベクトルの両端の座標がわかれば、ベクトルの大きさは三平方の定理で、ベクトルの向き（傾き）はアークタンジェントで、それぞれ計算することができます。

ベクトルの大きさ $l = \sqrt{(x_1 - x_2)^2 + (y_1 - y_2)^2}$

ベクトルの向き　$\theta = \tan^{-1}\left(\dfrac{y_2 - y_1}{x_2 - x_1}\right)$

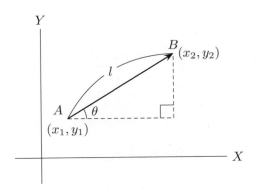

図 8.9　ベクトルの成分（座標値）と大きさ、向き

[問題]　次のベクトル $\overrightarrow{AB}$ の大きさ l と向き（傾き）θ を計算してみましょう。

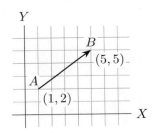

[解説と解答]　大きさ l は三平方の定理から次のように計算します。

$$l = \sqrt{(1-5)^2 + (2-5)^2} = \sqrt{25} = 5$$

Python で計算するには、次のコードを使います。

```
import math
l2 = (1 - 5) ** 2 + (2 -5)** 2
l= math.sqrt(l2)
```

対話モードで実行すると次のようになります。

```
>>> l2 = (1 - 5) ** 2 + (2 -5)** 2
>>> l= math.sqrt(l2)
>>> l
5.0
```

向き（傾き）θ はアークタンジェントで計算します。

$$\theta = \tan^{-1}\left(\frac{5-1}{5-2}\right) = \tan^{-1}\left(\frac{4}{3}\right) \fallingdotseq 0.643\,501\,108\,793\,284\,4\,(\text{rad})$$

この値は度数法では次のようになります。

$$0.643\,501\,108\,793\,284\,4\,(\text{rad}) \times \frac{180}{\pi} = 36.869\,897\,645\,844\,02\,(°)$$

Python で計算するには、次のコードを使います。

```
import math
theta = math.atan2(3, 4)
deg = math.degrees(theta)
```

対話モードで実行すると次のようになります。

```
>>> import math
>>> theta = math.atan2(3.0, 4.0)
>>> deg = math.degrees(theta)
>>> deg
36.86989764584402
```

［終］

8.3.2　位置ベクトル

ベクトルの始点を XY 平面上の原点 (0,0) としたベクトルを特に位置ベクトルといいます。

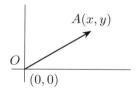

図 8.10　位置ベクトル

位置ベクトルはひとつの点で表現できるので、次のように表すことができます。

$$\overrightarrow{OA} = (x, y) \quad \text{または} \quad \overrightarrow{OA} = \begin{pmatrix} x \\ y \end{pmatrix}$$

8.3.3 ベクトルの演算

ふたつ以上のベクトルに対して、加減乗除の演算を行うことができます。

たとえば、ベクトル $\overrightarrow{AB}$ と $\overrightarrow{BC}$ を加算すると、$\overrightarrow{AC}$ になります。

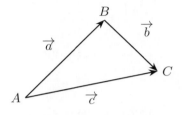

図 8.11　ベクトルの加算

式で表現すると、次のようになります。

$$\overrightarrow{AC} = \overrightarrow{AB} + \overrightarrow{BC} \quad \text{あるいは} \quad \vec{c} = \vec{a} + \vec{c}$$

それぞれのベクトルの成分を $\overrightarrow{AB} = (x_1, y_1)$ と $\overrightarrow{BC} = (x_2, y_2)$ とすると、$\overrightarrow{AC} = \overrightarrow{AB} + \overrightarrow{BC}$ は次のようになります。

$$\overrightarrow{AC} = (x_1 + x_2, y_1 + y_2)$$

具体的な例を次に示します。

$(1, 3)$ にある点 A から $(5, 6)$ にある点 B に向かう $\overrightarrow{AB}$ と、$(5, 6)$ にある点 B から $(8, 2)$ にある点 C に向かう $\overrightarrow{BC}$ とを加算してみます。

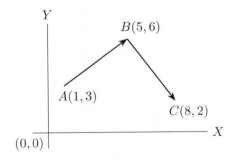

図 8.12　ベクトルの加算

ここで、$\overrightarrow{AB}$ の成分 (x_1, y_1) と $\overrightarrow{BC}$ の成分 (x_2, y_2) は以下のようになります。

$$\overrightarrow{AB} = \begin{pmatrix} x_1 \\ y_1 \end{pmatrix} = \begin{pmatrix} 5-1 \\ 6-3 \end{pmatrix} = \begin{pmatrix} 4 \\ 3 \end{pmatrix}$$

$$\overrightarrow{BC} = \begin{pmatrix} x_2 \\ y_2 \end{pmatrix} = \begin{pmatrix} 8-5 \\ 2-6 \end{pmatrix} = \begin{pmatrix} 3 \\ -4 \end{pmatrix}$$

よって $\overrightarrow{AC}$ は次のようになります。

$$\overrightarrow{AC} = \begin{pmatrix} 4+3 \\ 3-4 \end{pmatrix} = \begin{pmatrix} 7 \\ -1 \end{pmatrix}$$

よってベクトル AC は $(7, -1)$、つまり、X 方向へ 7 進んで Y 方向へは下に 1 進むベクトルになります。

Python では、ベクトルは配列（array）として表現することができます。このとき、配列の要素はリストで指定します。

```
import numpy as np
a= np.array([x, y])
```

$(4, 3)$ と $(3, -4)$ というふたつのベクトルを加算するには、次のようにします。

```
>>> import numpy as np
>>> a= np.array([4, 3])
>>> b= np.array([3, -4])
>>> a + b
array([ 7, -1])
```

[**問題**]　次の図に示すような離れているベクトルを加算してみましょう。

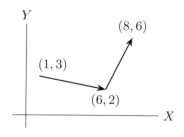

[解説と解答] ここで、$\overrightarrow{AB}$ の成分 (x_a, y_a) と $\overrightarrow{BC}$ の成分 (x_b, y_b) は以下のようになります。

$$\overrightarrow{AB} = \begin{pmatrix} x_a \\ y_a \end{pmatrix} = \begin{pmatrix} 6-1 \\ 2-3 \end{pmatrix} = \begin{pmatrix} 5 \\ -1 \end{pmatrix}$$

$$\overrightarrow{BC} = \begin{pmatrix} x_b \\ y_b \end{pmatrix} = \begin{pmatrix} 8-6 \\ 6-2 \end{pmatrix} = \begin{pmatrix} 2 \\ 4 \end{pmatrix}$$

よって、$\overrightarrow{AC}$ は

$$\overrightarrow{AC} = \overrightarrow{AB} + \overrightarrow{BC} = \begin{pmatrix} 5 \\ -1 \end{pmatrix} + \begin{pmatrix} 2 \\ 4 \end{pmatrix} = \begin{pmatrix} 7 \\ 3 \end{pmatrix}$$

となり、X 方向へ 7 進んで Y 方向へは上に 3 進むベクトルになります。

Python でふたつのベクトルを加算するには、次のようにします。

```
>>> import numpy as np
>>> a= np.array([5, -1])
>>> b= np.array([2, 4])
>>> a + b
array([7, 3])
```

[終]

ふたつのベクトルの減算は、一方を負のベクトルとみなすとベクトルの加算と同じです。

ベクトルとスカラー数の乗算は、ベクトルの各要素にスカラー数を乗算します。これはベクトルの大きさを乗算するという意味になります。

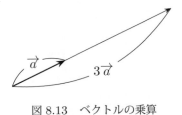

図 8.13　ベクトルの乗算

```
>>> import numpy as np
>>> a= np.array([4, 3])
>>> a * 3.0
array([12., 9.])
```

ベクトルとスカラー数の除算は、ベクトルの要素をそれぞれ除算します。

```
>>> import numpy as np
>>> a= np.array([4, 3])
>>> a / 2.0
array([2. , 1.5])
```

第9章

数列と行列

ここでは、数の列である数列と、二次元以上の数の列である行列について学びます。

9.1 数列

一定の規則に従った数の列は数学的に扱うことができます。

9.1.1 等差数列

「1, 3, 5, 7, ...」のような、隣の数との差が等しい数の列を**等差数列**といいます。

Python では、等差数列を次のように表すことができます。

```
import numpy as np
a = np.array([1,3,5,7,9,11])
```

対話モードで実行すると次のようになります。

```
>>> import numpy as np
>>> a = np.array([1,3,5,7,9,11])
>>> a
array([ 1, 3, 5, 7, 9, 11])
```

等差数列の最初の項を**初項**といい、項と項の等しい差を**公差**といいます。初項を a、公差を d とすると、n 番目の項 a_n は次のように表すことができます。

$$a_n = a + (n-1)d$$

Python の for 文を使ってこの数列を作るには次のコードを使います。

```
import numpy as np
a = np.empty(0, int)
for i in range(5):
    a = np.append(a, i * 2 + 1)
```

対話モードで実行すると次のようになります。

```
>>> import numpy as np
>>> a = np.empty(0, int)
>>> for i in range(5):
...     a = np.append(a, i * 2 + 1)
...
>>> a
array([1, 3, 5, 7, 9])
```

[**問題**]　初項が -5、公差が 3 で第 7 項まである数列を作成してみましょう。

[**解説と解答**]　次のコードを使います。

```
import numpy as np
a = np.empty(0, int)
for i in range(7):
    a = np.append(a, i * 3 - 5)
```

a は「array([-5, -2, 1, 4, 7, 10, 13])」になります。　　　　　　　　[終]

9.1.2　等比数列

「$1, 2, 4, 8, 16、...$」のような、隣の数との比が等しい数の列を**等比数列**といいます。
等比数列を Python の対話モードで次のように作成することができます。

```
>>> import numpy as np
>>> a = np.array([1, 2, 4, 8, 16])
>>> a
array([ 1, 2, 4, 8, 16])
```

等比数列の最初の項を**初項**といい、等しい比を**公比**といいます。初項を a、公比を r とする

Web スクレイピング

使用テキスト：PDF で配布予定

LaTeX はじめの一歩

使用テキスト：出版書籍を使用

M5Stack と MicroPython ではじめるマイコン開発入門

テキスト：出版書籍を使用

M5Stack と ESP-IDF ではじめるマイコン開発入門

テキスト：出版書籍を使用

※ 無料セミナーには受講料はかかりません

有料セミナー 1 日コースのご紹介

より深い知識と技術を習得するために企画した著者による 1 日かけての講習です。質疑応答の時間もたっぷりありますので、書籍だけでは得られない学びのが提供できると思います。

ぜひ、この機会にご参加ください。

※ 有料セミナーには受講料が必要です。受講料と詳細は Web ページをご覧ください

プログラミング習得講座（Python）

有料セミナー 　使用テキスト：『Python[基礎編] ワークブック』
ISBN 978-4-87783-837-9 　税込 990 円

プログラム　Python での開発環境の構築
Python プログラミング入門　●変数と型について　●基本的なデータ型　●繰り返しと条件分岐
いろいろ作ってみよう　●Fizz Buzz　●素数の判定　●シンプルな GUI アプリケーション　●シンプルな Web ページ　●シンプルなゲーム

Python による画像処理の基礎と機械学習

有料ワークショップ 半日コースのご紹介

参加枠を数名に限定して、プログラミングなどの演習をオンラインで行います。実際に入力しながら学習を進めます。わからない点はすぐに講師と一緒に確認できます。講義形式のセミナーとは異なり、より参加型で能動的な学習の場を目的とします。

※ 有料ワークショップには受講料が必要です。受講料と詳細はWeb ページをご覧ください

入力しながら理解する Python

有料ワークショップ 　　使用テキスト:『Python [基礎編] ワークブック』

ISBN 978-4-87783-837-9 　税込 990 円

入力しながら理解する Python による機械学習

有料ワークショップ 　使用テキスト:『Python ライブラリの使い方　第 2 版』

ISBN 978-4-87783-537-8 　税込 3,960 円

jq ハンドブック 必携の JSON パーザ

有料ワークショップ 　　　使用テキスト:『jq ハンドブック』

ISBN 978-4-87783-491-3 　税込 3,520 円

セミナーの詳細、お申込みは専用 Web ページをご覧ください

URL
https://www.cutt.co.jp/seminar/bs1/

お問い合わせメール
info.seminar@cutt.co.jp

2023.4

と、n 番目の項 a_n は次のように表すことができます。

$$a_n = ar^{n-1}$$

Python の for 文を使って、初項を 1、公比を 2 とする数列を作るには次のコードを使います。

```
>>> import numpy as np
>>> a = np.empty(0, int)
>>> for i in range(5):
... a = np.append(a, 2 ** i)
...
>>> a
array([ 1, 2, 4, 8, 16])
```

[問題]　初項が 3、公比が 3 である等比数列を作成してみましょう。

[解説と解答]　対話モードで次のように実行します。

```
>>> import numpy as np
>>> a = np.empty(0, int)
>>> for i in range(5):
... a = np.append(a, 3 * 3 ** i)
...
>>> a
array([ 3, 9, 27, 81, 243])
```

「3, 9, 27, 81, 243」という等比数列ができたことがわかります。　　　　　　　　　　[終]

9.2 行列

ここでは行列（matrix）について学びます。

9.2.1 行列

行列は、行と列からなる一種の構造です。次のような形式で記述します。

$$\begin{pmatrix} 1 & 2 & 3 \\ 4 & 5 & 6 \\ 7 & 8 & 9 \end{pmatrix} \quad \text{または} \quad \begin{bmatrix} 1 & 2 & 3 \\ 4 & 5 & 6 \\ 7 & 8 & 9 \end{bmatrix}$$

行列の横の並びを**行**、縦の並びを**列**と呼びます。行列の中の個々の値を**成分**といいます。

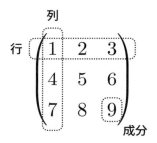

図 9.1　行列の名称

Python では、行列を `numpy.matrix` を使って次のように表すことができます。

```python
import numpy as np
a = np.matrix([[1, 2, 3],[4, 5, 6],[7, 8, 9]])
```

より見やすくするために、次のようにしてもかまいません。

```python
a = np.matrix([[1, 2, 3],
               [4, 5, 6],
               [7, 8, 9]])
```

対話モードで最初の a の定義を実行して a を表示してみると、このより見やすい形で表示されます。

```
>>> import numpy as np
>>> a = np.matrix([[1, 2, 3],[4, 5, 6],[7, 8, 9]])
>>> a
matrix([[1, 2, 3],
        [4, 5, 6],
        [7, 8, 9]])
```

9.2.2 行列とベクトル

行列の 1 行だけまたは 1 列だけを、それぞれ**行ベクトル**、**列ベクトル**といいます。次の X は行ベクトル、Y は列ベクトルです。

$$X = \begin{pmatrix} 2 & 4 & 6 \end{pmatrix}, \qquad Y = \begin{pmatrix} 1 \\ 3 \\ 6 \end{pmatrix}$$

9.2.3 単位行列

$n \times n$ の行列で、i 行 i 列の値が 1、それ以外の値が 0 である行列を**単位行列**といいます。単位行列は、通常、E で表されます。

$$E = \begin{pmatrix} 1 & 0 \\ 0 & 1 \end{pmatrix}, \qquad E = \begin{pmatrix} 1 & 0 & 0 \\ 0 & 1 & 0 \\ 0 & 0 & 1 \end{pmatrix}$$

9.2.4 行列の演算

行列はその形を保ったまま演算することができます。以下の演算の式では、次のような行列があるものとします。

$$A = \begin{pmatrix} a_{11} & a_{12} \\ a_{21} & a_{22} \end{pmatrix}, \qquad B = \begin{pmatrix} b_{11} & b_{12} \\ b_{21} & b_{22} \end{pmatrix}$$

行列の加算（足し算）では、同じ成分同士の加算を行います。

$$A + B = \begin{pmatrix} a_{11} + b_{11} & a_{12} + b_{12} \\ a_{21} + b_{21} & a_{22} + b_{22} \end{pmatrix}$$

次のように定義されている行列 A と B を Python で加算するとします。

$$A = \begin{pmatrix} 1 & 3 \\ 6 & 9 \end{pmatrix}, \qquad B = \begin{pmatrix} 2 & 4 \\ 6 & 8 \end{pmatrix}$$

それぞれの行列は Python のコードでは次のように表すことができます。

```
A = np.matrix([[1, 3],[6, 9]])
B = np.matrix([[2, 4],[6, 8]])
```

加算するには単に A と B を足す式を実行します。

```
A + B
```

対話モードで実行すると、次のようになります。

```
>>> import numpy as np
>>> A = np.matrix([[1, 3], [6, 9]])
>>> B = np.matrix([[2, 4], [6, 8]])
>>> A + B
matrix([[ 3,  7],
        [12, 17]])
```

行列の減算（引き算）では、同じ成分同士の減算を行います。

$$A - B = \begin{pmatrix} a_{11} - b_{11} & a_{12} - b_{12} \\ a_{21} - b_{21} & a_{22} - b_{22} \end{pmatrix}$$

[**問題**]　次のように定義されている行列 A から B を引き算してみましょう。

$$A = \begin{pmatrix} 1 & 3 \\ 6 & 9 \end{pmatrix}, \qquad B = \begin{pmatrix} 2 & 4 \\ 6 & 8 \end{pmatrix}$$

[**解説と解答**]　次のコードを実行します。

```
>>> import numpy as np
>>> A = np.matrix([[1, 3], [6, 9]])
>>> B = np.matrix([[2, 4], [6, 8]])
>>> A - B
matrix([[-1, -1],
        [ 0,  1]])
```

よって、$A - B = \begin{pmatrix} -1 & -1 \\ 0 & 1 \end{pmatrix}$ になります。 [終]

行列の定数倍では、次のような演算を行います。

$$nA = \begin{pmatrix} n \times a_{11} & n \times a_{12} \\ n \times a_{21} & n \times a_{22} \end{pmatrix}$$

[問題] 次のように定義されている行列 A を 1.5 倍してみましょう。

$$A = \begin{pmatrix} 1 & 3 \\ 6 & 9 \end{pmatrix}$$

[解説と解答] 次のコードを実行します。

```
>>> import numpy as np
>>> A = np.matrix([[1, 3], [6, 9]])
>>> 1.5 * A
matrix([[ 1.5,  4.5],
        [ 9. , 13.5]])
```

よって、$1.5 \times A = \begin{pmatrix} 1.5 & 4.5 \\ 9 & 13.5 \end{pmatrix}$ になります。 [終]

行列の積では、次のような演算を行います。

$$AB = \begin{pmatrix} a_{11} & a_{12} \\ a_{21} & a_{22} \end{pmatrix} \begin{pmatrix} b_{11} & b_{12} \\ b_{21} & b_{22} \end{pmatrix} = \begin{pmatrix} a_{11}b_{11} + a_{12}b_{21} & a_{11}b_{12} + a_{22}b_{22} \\ a_{21}b_{11} + a_{22}b_{21} & a_{21}b_{12} + a_{22}b_{22} \end{pmatrix}$$

[問題] 次のように定義されている行列 A と B の積と B と A の積を計算してみましょう。

$$A = \begin{pmatrix} 1 & 3 \\ 6 & 9 \end{pmatrix}, \quad B = \begin{pmatrix} 2 & 4 \\ 6 & 8 \end{pmatrix}$$

[解説と解答] 次のコードを実行します。

```
>>> import numpy as np
>>> A = np.matrix([[1, 3], [6, 9]])
>>> B = np.matrix([[2, 4], [6, 8]])
>>> A * B
matrix([[20, 28],
        [66, 96]])
>>> B * A
matrix([[26, 42],
        [54, 90]])
```

よって、$A \times B = \begin{pmatrix} 20 & 28 \\ 66 & 96 \end{pmatrix}$ で $B \times A = \begin{pmatrix} 26 & 42 \\ 54 & 90 \end{pmatrix}$ になります。これは $AB \neq BA$ であることを表し、このことを交換法則は成り立たないといいます。　　　　　　[終]

9.2.5　逆行列

逆行列とは、ある行列 A にかけると単位行列 E になるような行列です。逆行列を X とすると、一般的には、次のように表します。

$$AX = XA = E$$

A の逆行列は A^{-1} で表し、

$$A = \begin{pmatrix} a_{11} & a_{12} \\ a_{21} & a_{22} \end{pmatrix}$$

ならば、

$$A^{-1} = \frac{1}{a_{11}a_{22} - a_{12}a_{21}} \begin{pmatrix} a_{22} & -a_{12} \\ -a_{21} & a_{11} \end{pmatrix}$$

$a_{11}a_{22} - a_{12}a_{21} = 0$ の場合、逆行列は存在しません。

逆行列を Python で求めるときには、`numpy.linalg.inv()` を使います。

たとえば、次のように定義されている行列 A の逆行列 A^{-1} を求めるとします。

$$A = \begin{pmatrix} 1 & 3 \\ 6 & 9 \end{pmatrix}$$

$1 \times 9 - 3 \times 6$ はゼロではないので、逆行列が存在します。

次のコードを実行して逆行列 invA を計算します。

```
A = np.matrix([[1, 3], [6, 9]])
invA = np.linalg.inv(A)          # 逆行列を求める
```

対話モードで実行すると次のようになります。

```
>>> import numpy as np
>>> A = np.matrix([[1, 3], [6, 9]])
>>> invA = np.linalg.inv(A)          # 逆行列を求める
>>> invA
matrix([[-1.        ,  0.33333333],
        [ 0.66666667, -0.11111111]])
```

よって、A の逆行列は次の行列であることがわかります（小数点以下 3 桁まで表示します）。

$$A^{-1} = \begin{pmatrix} -1 & 0.333 \\ 0.667 & -0.111 \end{pmatrix}$$

行列にその逆行列を掛けると単位行列になるはずですから、検算してみます。

```
>>> A * invA
matrix([[1., 0.],
        [0., 1.]])
```

確かに単位行列になりました。

[**問題**]　次の行列の逆行列を求めてみましょう。

$$A = \begin{pmatrix} 1 & -3 \\ -5 & 7 \end{pmatrix}$$

[**解説と解答**]　行列 A は Python では次のように定義できます。

```
import numpy as np
A = np.matrix([[1, -3], [-5, 7]])
invA = np.linalg.inv(A)          # 逆行列を求める
```

対話モードで実行してみます。

```
>>> import numpy as np
>>> A = np.matrix([[1, -3], [-5, 7]])
>>> invA = np.linalg.inv(A)          # 逆行列を求める
>>> invA
matrix([[-0.875, -0.375],
        [-0.625, -0.125]])
>>> A * invA                         # 検算する
matrix([[1., 0.],
        [0., 1.]])
```

間違いないので、この場合の逆行列は $A = \begin{pmatrix} -0.875 & -0.375 \\ -0.625 & -0.125 \end{pmatrix}$ となります。　　　[終]

9.3 ベクトルと行列の利用

ここでは、ベクトルや行列を利用する例を紹介します。

9.3.1 連立方程式の解法

逆行列を使って連立方程式を解くことができます。

未知数を x と y、係数を a、b、c、d とすると、連立方程式は次のようなふたつの式で表現することができます。

$$ax + by = m$$
$$cx + dy = n$$

行列を利用すれば、これらは次のひとつの式で表現できます。

$$\begin{pmatrix} a & b \\ c & d \end{pmatrix} \begin{pmatrix} x \\ y \end{pmatrix} = \begin{pmatrix} m \\ n \end{pmatrix}$$

ここで、$A = \begin{pmatrix} a & b \\ c & d \end{pmatrix}$、$X = \begin{pmatrix} x \\ y \end{pmatrix}$、$B = \begin{pmatrix} m \\ n \end{pmatrix}$ とすると、次のようになります。

$$AX = B$$

A^{-1} を A の逆行列とすると、

$$A^{-1}B = X$$

よって、A の逆行列 A^{-1} を求めて B を掛ければ、求めたい X を求めることができます。
たとえば、4.4 節では次のような問題を解きました。

> 「リンゴとミカンを合わせて 10 個買いました。リンゴ 1 個は 110 円、ミカン 1 個は 30 円で合計金額は 540 円でした。リンゴとミカンはそれぞれいくつ買ったでしょうか？」

これは、次の連立方程式を解く問題です。

$$x + y = 10$$
$$110x + 30y = 540$$

この連立方程式を行列で表現すると、次のようになります。

$$\begin{pmatrix} 1 & 1 \\ 110 & 30 \end{pmatrix} \begin{pmatrix} x \\ y \end{pmatrix} = \begin{pmatrix} 10 \\ 540 \end{pmatrix}$$

$1 \times 30 - 1 \times 110 = -80$ なので、逆行列を求められます。よって、

$$\begin{pmatrix} x \\ y \end{pmatrix} = \begin{pmatrix} 1 & 1 \\ 110 & 30 \end{pmatrix}^{-1} \begin{pmatrix} 10 \\ 540 \end{pmatrix}$$

行列 A は次のように定義して、`numpy.linalg.inv()` で逆行列 `invA` を求めます。

```
A = np.matrix([[1, 1], [110, 30]])
invA = np.linalg.inv(A)          # 逆行列を求める
```

行列 B は次のように定義します。

```
B = np.matrix([[10], [540]])
```

そして $A^{-1}B$ を計算します。

```
invA * B
```

対話モードで逆行列を使って実際に解いてみましょう。

```
>>> import numpy as np
>>> A = np.matrix([[1, 1], [110, 30]])
>>> invA = np.linalg.inv(A)              # 逆行列を求める
>>> B = np.matrix([[10], [540]])
>>> invA * B
matrix([[3.],
        [7.]])
```

　よって、リンゴ（x）= 3 個、みかん（y）= 7 個という答えが出ます。これは、4.4 節で得た正解と同じです。

[問題]　車と徒歩で登山しました。出発点から山頂までの距離は 109 km です。最初に出発点から車で平均時速 40 km で走り、車を降りて山頂まで徒歩で平均時速 3 km で歩きました。出発してから山頂に着くまでにかかった時間は 5 時間 30 分でした。

　車で走った時間と徒歩であるいた時間はそれぞれ何時間でしょうか？

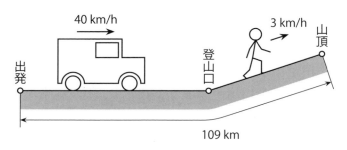

図 9.2　車と徒歩での行程

[**解説と解答**]　車で走った時間を x 時間、徒歩であるいた時間を y 時間とすると、文章題から次の連立方程式を作ることができます。

$$x \times 40 + y \times 3 = 109 \ (\text{km})$$
$$x + y = 5.5 \ (\text{時間})$$

対話モードで逆行列を使って解いてみます。

```
>>> import numpy as np
>>>
>>> A = np.matrix([[40, 3], [1, 1]])
>>> invA = np.linalg.inv(A)          # 逆行列を求める
>>> B = np.matrix([[109], [5.5]])
>>> invA * B
matrix([[2.5],
        [3. ]])
```

車で走った時間（x）は 2 時間 30 分、徒歩で歩いた時間（y）は 3 時間という結果になりました。　　　　　　　　　　　　　　　　　　　　　　　　　　　　　　　　　　　[終]

9.3.2　座標の移動

プログラミングでは、座標の移動や拡大・縮小でベクトルと行列がよく使われます。

二次元平面で座標 (x_0, y_0) を (dx, dy) だけ移動させた座標が (x, y) であるとき、(x_0, y_0) と (x, y) の関係は次の式で表すことができます。

$$x = dx + x_0$$
$$y = dy + y_0$$

これはまた次のように表すことができます。

$$\begin{pmatrix} x \\ y \end{pmatrix} = \begin{pmatrix} dx \\ dy \end{pmatrix} + \begin{pmatrix} x_0 \\ y_0 \end{pmatrix}$$

たとえば、最初の座標が $(4, 3)$ である点を右に 3、上に 2 だけ移動するには、座標 A とベクトル D を次のように定義して計算します。

$$A = \begin{pmatrix} 4 \\ 3 \end{pmatrix}, \ D = \begin{pmatrix} 3 \\ 2 \end{pmatrix}$$

移動後の座標 A_1 は $A + D$ になります。

```
A = np.matrix([[4, 3]])
B = np.matrix([[3, 2]])
A+B
```

対話モードで実行するときには次のようにします。

```
>>> import numpy as np
>>> A = np.matrix([[4, 3]])
>>> B = np.matrix([[3, 2]])
>>> A+B
matrix([[7, 5]])
```

座標が $(4, 3)$ である点を右に 3、上に 2 だけ移動すると、点の座標は $(7, 5)$ になることがわかります。

[**問題**]　三次元空間の点の座標が $(2, 4, 6)$ である点を右に 4、上に 3、奥に 2 だけ移動したときの点の座標を計算してみましょう。

[**解説と解答**]　点の座標 A と移動距離 B は次の行列で表すことができます。

```
A = np.matrix([[2, 4, 6]])
B = np.matrix([[4, 3, 2]])
```

対話モードで $A + B$ を実行します。

```
>>> import numpy as np
>>> A = np.matrix([[2, 4, 6]])
```

```
>>> B = np.matrix([[4, 3, 2]])
>>> A+B
matrix([[6, 7, 8]])
```

新しい点の座標が $(6, 7, 8)$ になることがわかります。 [終]

次に座標の拡大・縮小について考えてみましょう。

座標 (x_0, y_0) を (s_x, s_y) だけ拡大させた座標が (x, y) であるとき、(x_0, y_0) と (x, y) の関係は次の式で表すことができます。

$$x = s_x \times x_0$$
$$y = s_y \times y_0$$

s_x や s_y が 1.0 より小さい場合は縮小になります。これはまた次のように表すことができます。

$$\begin{pmatrix} x \\ y \end{pmatrix} = \begin{pmatrix} s_x & 0 \\ 0 & s_y \end{pmatrix} \begin{pmatrix} x_0 \\ y_0 \end{pmatrix}$$

たとえば、最初の座標が $(4, 3)$ である点を X 軸方向に 1.2 倍、Y 軸方向に 0.8 倍するには、座標 A と D を次のように定義して AD を計算します。

```
A = np.matrix([[4, 3]])
B = np.matrix([[1.2, 0][0, 0.8]])
A * B
```

対話モードで実行するときには次のようにします。

```
>>> import numpy as np
>>> A = np.matrix([[4, 3]])
>>> B = np.matrix([[1.2, 0], [0, 0.8]])
>>> A * B
matrix([[4.8, 2.4]])
```

結果の座標は $(4.8, 2.4)$ になることがわかります。

9.3.3 座標の回転

座標の回転にも行列がよく使われます。ここでは二次元の座標系における回転について考えてみましょう。

点の座標 (x_0, y_0) を反時計回りに θ （ラジアン）だけ回転させた座標が (x, y) であるとき、(x_0, y_0) と (x, y) の関係は次の式で表すことができます。

$$x = \cos\theta \times x_0 - \sin\theta \times y_0$$
$$y = \sin\theta \times x_0 + \cos\theta \times y_0$$

これはまた次のように表すことができます。

$$\begin{pmatrix} x \\ y \end{pmatrix} = \begin{pmatrix} \cos\theta & \sin\theta \\ -\sin\theta & \cos\theta \end{pmatrix} \begin{pmatrix} x_0 \\ y_0 \end{pmatrix}$$

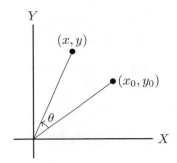

図 9.3　座標の回転

たとえば、最初の座標が $(4, 3)$ である点を反時計回りに 30° だけ回転させた座標を求めるとします。

最初の座標は次の行列で表すことができます。

```
A = np.matrix([[4, 3]])
```

度数法による角度（度）を弧度法による角度（ラジアン）に変換するときには、numpy.deg2rad() を使うことができるので、角度 theta は次の式で求められます。

```
theta = np.deg2rad(30)
```

変換のための行列は次のようになります。

```
B = np.matrix([[cos(theta), sin(theta)], [-sin(theta), cos(theta)]])
```

AB で結果が得られます。

```
A * B
```

対話モードで実行する例を次に示します。

```
>>> import numpy as np
>>> A = np.matrix([[4, 3]])
>>> theta = np.deg2rad(30)
>>> B = np.matrix([[np.cos(theta), np.sin(theta)],
...                [-np.sin(theta), np.cos(theta)]])
>>> A * B
matrix([[1.96410162, 4.59807621]])
```

回転後の座標はおよそ $(1.96, 4.60)$ であることがわかりました。

9.3.4　三次元の空間での回転

三次元の空間では、点の座標は (x, y, z) で表されます。Python では、次のように行列で表すことができます。

```
A = np.array([x, y, z])
```

三次元の空間で X 軸、Y 軸、Z 軸にそれぞれ回転するための行列を指定します。

X 軸周りに回転するときには、X 座標の値は変わらず、Y と Z 軸に対して 2 次元座標の時のように値が変化します。

$$\begin{pmatrix} x \\ y \\ z \end{pmatrix} = \begin{pmatrix} 1 & 0 & 0 \\ 0 & \cos\theta & -\sin\theta \\ 0 & \sin\theta & \cos\theta \end{pmatrix} \begin{pmatrix} x_0 \\ y_0 \\ z_0 \end{pmatrix}$$

Python のコードで表すと次のようになります。

```
rot_x = np.array([
    [1, 0, 0],
    [0, np.cos(theta_x), -np.sin(theta_x)],
    [0, np.sin(theta_x), np.cos(theta_x)]
])
```

同様に Y 軸と Z 軸周りに回転するための行列はそれぞれ次のようになります。

```
rot_y = np.array([
    [np.cos(theta_y), 0, -np.sin(theta_y)],
    [0, 1, 0],
    [np.sin(theta_y), 0, np.cos(theta_y)]
])

rot_z = np.array([
    [np.cos(theta_z), -np.sin(theta_z), 0],
    [np.sin(theta_z), np.cos(theta_z), 0],
    [0, 0, 1]
])
```

　三次元空間の点の座標 (x, y, z) を度単位で r_x、r_y、r_z だけ回転させるには、次のようにそれぞれのラジアン単位の角度を求めます。

```
theta_x = np.deg2rad(30)
theta_y = np.deg2rad(20)
theta_z = np.deg2rad(10)
```

　たとえば、点 A の座標が $(2, 3, 4)$ であるとし、XYZ 軸に関してそれぞれ $30°$、$20°$、$10°$ だけ回転させるなら、プログラム全体は次のようになります。

リスト 9.1　rotxyz.py

```
import numpy as np

A = np.array([2, 3, 4])
theta_x = np.deg2rad(30)
theta_y = np.deg2rad(20)
theta_z = np.deg2rad(10)

rot_x = np.array([
    [1, 0, 0],
    [0, np.cos(theta_x), -np.sin(theta_x)],
    [0, np.sin(theta_x), np.cos(theta_x)]
])

rot_y = np.array([
    [np.cos(theta_y), 0, -np.sin(theta_y)],
    [0, 1, 0],
```

```
        [np.sin(theta_y), 0, np.cos(theta_y)]
    ])

    rot_z = np.array([
        [np.cos(theta_z), -np.sin(theta_z), 0],
        [np.sin(theta_z), np.cos(theta_z), 0],
        [0, 0, 1]
    ])

    A = A * rot_x
    A = A * rot_y
    A = A * rot_z

    print(A)
```

結果は次のようになります。

```
[[ 1.85083316 -0.          -0.        ]
 [ 0.          2.5586056  -0.        ]
 [ 0.          0.          3.25519073]]
```

すなわち、新しい座標値はおよそ $(1.85, 2.56, 3.26)$ になります。

第10章

微分と積分

ここでは、微分と積分の意味やその関係などを学びます。

10.1　微分

微分（differential）は関数の変化の程度を表し、グラフでみたときに関数の曲線の傾きを表します。

10.1.1　関数と微分

次のような関数を考えてみましょう。

$$y = 2x^2 - 3x + 1$$

この関数のグラフは Python の次のプログラムで描くことができます。

リスト 10.1　yeq2x2m2xp1.py

```python
import matplotlib.pyplot as plt
import numpy as np

x = np.arange(-2.0, 2.01, 0.01)
y = 2 * x ** 2 - 3 * x + 1

plt.plot(x, y)                  # グラフを描画する
plt.grid(color = '0.8')         # グリッドを描画する

plt.show()                      # グラフを表示する
```

実行すると、次のような放物線が描かれます。

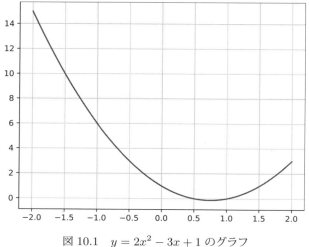

図 10.1　$y = 2x^2 - 3x + 1$ のグラフ

曲線 $y = f(x)$ の x から $x + h$ の長さ h の区間の傾きは、次の式で表されます。

$$\frac{f(x+h) - f(x)}{h}$$

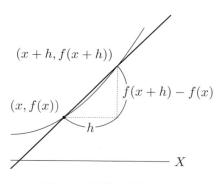

図 10.2　関数の曲線の傾き

　しかし、この傾きは長さ h の区間の傾きであって、正確に曲線のある地点の傾きではありません。より正確な傾きを求めるためには、h の長さを微小な値 dx に狭める必要があります。

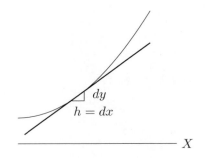

図 10.3　微小な範囲の傾き

そして、h を限りなくゼロに近づけることで、より正確な傾きを得ることができます。

$$\lim_{h \to 0} \frac{f(x+h) - f(x)}{h}$$

この値を**微分係数**といい、X 軸が x のときの線の傾き、つまり変化率を表します。このような係数をあらゆる x の値に対して求めることを**微分する**といい、得られる関数を $f(x)$ の**導関数**といい、$f'(x)$ とします。

次のような関数があるとします。

$$f(x) = ax^n + bx^{n-1} + cx^{n-2} + \cdots k$$

この関数の導関数は次の式で得ることができます（最後の定数 k は消えます）。

$$f(x) = anx^{n-1} + b(n-1)x^{n-2} + c(n-2)x^{n-3} + \cdots$$

関数 $y = 2x^2 - 3x + 1$ の導関数 $f'(x)$ は次のようになります。

$$f'(x) = 4x - 3$$

10.1.2　関数と接線の描画

ある関数の特定の x の値のところに接する線は、導関数から導くことができます。次の関数を考えてみましょう。

$$f(x) = 2x^2 + 2x + 1$$

この導関数 $f'(x)$ は次のようになりました。

$$f'(x) = 4x + 2$$

この関数の、たとえば $x = 1.2$ の点の接線を求めるとします。$x = 1.2$ なので、y の値は次の通りです。

$$y = 2x^2 + 2x + 1 = 2 \times 1.2^2 + 2 \times 1.2 + 1 = 6.28$$

また、$x = 1.2$ での接線の傾きは

$$f'(1.2) = 4 \times 1.2 + 2 = 6.8$$

となるので、接線の式を $y = 6.8x + b$ とすれば、

$$6.28 = 6.8 \times 1.2 + b$$
$$\Rightarrow \quad b = 6.28 - 6.8 \times 1.2 = -1.88$$

より、接線の式は次のようになります。

$$y = 6.8x - 1.88$$

曲線と接線のグラフは Python の次のプログラムで描くことができます。

リスト 10.2　yeq2x2m2xp1.py

```python
import matplotlib.pyplot as plt
import numpy as np

# 曲線を描く
x = np.arange(-2.0, 2.01, 0.01)
y = 2 * x ** 2 + 2 * x + 1
plt.plot(x, y)                    # グラフを描画する

# 接線を描く
y = 2 * 1.2 ** 2 + 2 * 1.2 + 1
# yy = ax + bのa（線の傾き）
a = 4 * 1.2 + 2
# b = y - ax（切片）
#b = 2 * 1.2 ** 2 + 2 * 1.2 + 1 - a * 1.2
b = 6.28 - a * 1.2
yy = a * x + b

plt.plot(x, yy)                   # グラフを描画する
plt.grid(color = '0.8')           # グリッドを描画する
plt.show()                        # グラフを表示する
```

実行すると、次のような放物線が描かれます。

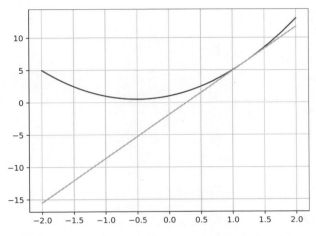

図 10.4 $y = 2x^2 + 2x + 1$ と $x = 1.2$ での接線のグラフ

10.1.3 Python で導関数を求める

導関数を導き出すのは比較的容易ですが、Python で導関数を導き出すこともできます。ここでは次の導関数を求めることにします。

$$f(x) = 2x^2 + 2x + 1$$

Python で導関数を導き出すには、sympy モジュールを使うのでこれをインポートして sym という名前で使えるようにします。

```
import sympy as sym
```

そして、sympy.Symbol() を使って'x' をシンボルとして使えるように設定します。

```
x = sym.Symbol('x')
```

次に、導関数を求めたい関数の式を定義します。

```
expr = 2 * x ** 2 + 2 * x + 1
```

そして、sympy.diff() を使って導関数を得ます。

```
sym.diff(expr)
```

対話モードで実行すると次のようになります。

```
>>> import sympy as sym
>>> x = sym.Symbol('x')
>>>
>>> expr = 2 * x ** 2 + 2 * x + 1
>>> sym.diff(expr)
4*x + 2
```

これで、$f(x) = 2x^2 + 2x + 1$ の導関数は $f'(x) = 4x + 2$ であることがわかります。

[**問題**] 次の関数の導関数を求めてみましょう。

$$f(x) = 4x^3 - 2x^2 + 6x + 1$$

[**解説と解答**] この関数の導関数は次の式で得ることができます。

$$f'(x) = 4 \times 3x^2 - 2 \times 2x + 6 \times 1 = 12x^2 - 4x + 6$$

Python で解くなら次のようにします。

```
import sympy as sym
x = sym.Symbol('x')
exp = 4 * x ** 3 - 2 * x ** 2 + 6 * x + 1
print(sym.diff(exp))
```

このスクリプトを実行すると「12*x**2 - 4*x + 6」と出力されるので、導関数は次の通りです。

$$f'(x) = 12x^2 - 4x + 6$$

[終]

10.1.4 関数と導関数の描画

先ほど示した関数 $f(x) = 2x^2 + 2x + 1$ と導関数 $f'(x) = 4x + 2$ を同じグラフに描いてみましょう。

次のスクリプトを使います。

リスト 10.3　yeq2x2m2xp1d.py

```python
import matplotlib.pyplot as plt
import numpy as np

x = np.arange(-2.0, 2.01, 0.01)
y = 2 * x ** 2 + 2 * x + 1
yd = 4 * x + 2

plt.plot(x, y)                  # グラフを描画する
plt.plot(x, yd)                 # グラフを描画する
plt.grid(color = '0.8')         # グリッドを描画する
plt.show()                      # グラフを表示する
```

グラフは次のようになります。

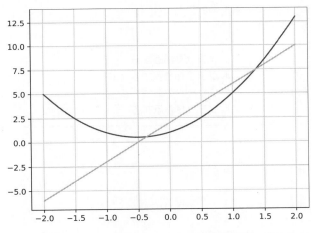

図 10.5　$f(x) = 2x^2 - 3x + 1$ とその導関数のグラフ

[**問題**]　次の関数の導関数を求めて、両方曲線をあらわすグラフを描いてみましょう。

$$f(x) = 2x^3 + 3x^2 + 4x - 5$$

[**解説と解答**]　関数 $f(x)$ の導関数は次の通りです。

$$f'(x) = 6x^2 + 6x + 4$$

Python で次のようにして導き出しても構いません。

```
>>> import sympy as sym
>>> x = sym.Symbol('x')
>>>
>>> expr = 2 * x ** 3 + 3 * x ** 2 + 4 * x - 4
>>> sym.diff(expr)
6*x**2 + 6*x + 4
```

グラフを描くコードは次のようになります。

リスト 10.4   yeq2x3p3x2p4xm5.py

```
import matplotlib.pyplot as plt
import numpy as np

x = np.arange(-2.0, 2.01, 0.01)
y = 2 * x ** 3 + 3 * x ** 2 + 4 * x - 5
yd = 6 * x ** 2 + 6 * x + 4

plt.plot(x, y)              # グラフを描画する
plt.plot(x, yd)             # グラフを描画する
plt.grid(color = '0.8')     # グリッドを描画する
plt.show()                  # グラフを表示する
```

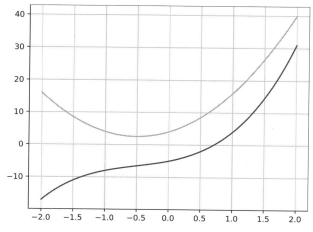

図 10.6 $f(x) = 2x^3 + 3x^2 + 4x - 5$ とその導関数のグラフ

[終]

10.2 積分

積分（integral）は微分の逆の演算で、グラフでみたときに曲線と X 軸との間にできる図形の面積を算出することを意味します。

10.2.1 定積分

図 10.7 に示すような関数 $f(x)$ の、x が a から b の範囲の面積を求めたいとします。任意の関数 $f(x)$ の特定の範囲の面積を求める公式は必ずしも存在しないので、x 方向の距離 dx の値を限りなく小さくして曲線に接する細長い矩形の面積を計算し、それを a から b の範囲で積算して求めます。

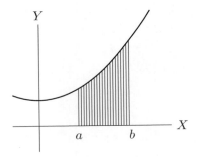

図 10.7　関数があらわす面積

この時の式を次のように表し、定積分といいます。

$$\int_a^b f(x)dx$$

このときの $f(x)$ は、関数 $F(x)$ を微分したときにできる関数です。

$$\int_a^b f(x)dx = F(b) - F(a)$$

従って、微分すると $f(x)$ になる関数 $F(x)$ を求めればこの積分ができるということがわかります。微分して $f(x)$ になる関数 $F(x)$ のことを**原始関数**といいます。

10.2.2 不定積分

微分すると関数 $f(x)$ になる関数 $F(x)$ は、**不定積分**ともいいます（高校数学の範囲では不定積分は原始関数と同義です）。

$$F(x) = \int f(x)dx$$

定積分は範囲を限定しますが、範囲を決めない積分を不定積分ということもできます。

このとき、$f(x)$ の各項に対して次の公式が成り立ちます。

$$\int x^n dx = \frac{1}{n+1}x^{n+1} + C$$

ここで C は**積分定数**といいますが、この意味を考えてみましょう。

次のような一連の関数を微分してみます。

$$y = 2x^2 - 3x + 1$$
$$y = 2x^2 - 3x - 5$$
$$y = 2x^2 - 3x$$

これらを微分した結果はいずれも $y = 4x - 3$ です。つまり、$2x^2 - 3x$ の後の数がいくつであってもよいことになり、このことを C で表します。いいかえると、関数 $f(x)$ の不定積分はいくつもの $F(x)$ があるということもできます。

関数 $f(x)$ の不定積分のひとつを $F(x)$ とすると、次の式が成り立ちます。

$$\int f(x)dx = F(b) - F(a)$$

よって、$F(b)$ と $F(a)$ に同じ値 C が加算されていても、式 $F(b) - F(a)$ を実行すると C は相殺されます。

ここで、$y = 4x - 3$ を積分してみます。

$$4 \times \int x^1 dx - 3 \times \int x^0 dx = 4 \times \frac{1}{1+1}x^{1+1} - 3\frac{1}{1}x^1 + C$$
$$= 2x^2 - 3x + C \quad (C \text{ は積分定数})$$

つまり、$y = 4x - 3$ を積分すると、$2x^2 - 3x + C$（C は積分定数）になります。

C は特定の x に対する $F(x)$ の値からわかります。たとえば、$F(1) = 0$ だとすると、

$$2 \times 1^2 - 3 \times 1 + C = 0 \quad \Rightarrow \quad C = 1$$

よって、$2x^2 - 3x + 1$ になります。

[**問題**]　次の条件を満たす関数 $F(x)$ を求めてみましょう。

$$F'(x) = 2x + 2, \quad F(1) = 4$$

[**解説と解答**]　$F'(x) = 2x + 2$ から、

$$\int (2x * 3)dx = 2\frac{1}{1+1}x^{1+1} + 3\frac{1}{0+1}x^{0+1} + C = 2x^2 + 3x + C$$

$F(1) = 4$ から、

$$2 + 3 + C = 4 \quad \Rightarrow \quad C = -1$$

よって、求める関数は $2x^2 + 3x - 1$。 [終]

Python で積分を行ってみます。10.1.3 節で行ったのと同様に、sympy をインポートした後でシンボルと式を定義し、integrate() を実行します。

```
>>> import sympy as sym
>>> x = sym.Symbol('x')
>>> expr = 2 * x + 2
>>> sym.integrate(expr, x)
x**2 + 2*x
```

定積分も第 2 の引数に範囲を指定することで integrate() で実行できます。次の例は範囲を $2\sim4$ にして計算する例です。

```
>>> sym.integrate(expr, (x, 2, 4))
16
```

[問題] 次の関数の x の範囲が $1\sim3$ の定積分を求めてみましょう。

$$f(x) = 2x^2 + 3x + 1$$

[解説と解答] 次のスクリプトを実行します。

リスト 10.5 integ13.py

```
import sympy as sym
x = sym.Symbol('x')
expr = 2 * x ** 2 + 3 * x + 1
print( sym.integrate(expr, (x, 1, 3)) )
```

これを実行すると、94/3 が得られます。 [終]

10.2.3 微分と積分の関係

微分と積分の関係を図 10.8 に示します。

原始関数 　　　　　関数 　　　　　導関数

$$F(x) \; \underset{\text{積分}}{\overset{\text{微分}}{\rightleftarrows}} \; f(x) \; \underset{\text{積分}}{\overset{\text{微分}}{\rightleftarrows}} \; f'(x)$$

図 10.8　微分と積分の関係

　ある関数を微分することはその関数の変化の状態を示す関数を求めることで、さらに微分すると微分した関数の変化の状態を示す関数を求めることになります。

　逆にある関数を積分することはその関数を微分する前の関数を求めることで、さらに積分するとその関数を微分する前の関数を求めることになります。

第11章

集合、確率、統計

ここでは、さまざまな値の扱い方を、集合、確率、統計という観点から学びます。

11.1　集合

集合の概念を使うと、値の集まりをひとつのものとして操作することができます。

11.1.1　集合と要素

集合は特定の条件を満たした値の集まりです。たとえば、次の例は 10 以下の整数の集合です。

$$A = \{1, 2, 3, 4, 5, 6, 7, 8, 9, 10\}$$

「1」や「7」など集合を構成しているものを**要素**といいます。

Python でも、集合は{と}で囲って表しますが、これは set というものとして扱われます。Python の type() を使って集合 A の型（クラス）を表示すると次のようになります。

```
>>> A = {1, 2, 3, 4, 5, 6, 7, 8, 9, 10}
>>> type(A)
<class 'set'>
```

集合の要素の順番は無視されます。次のふたつの集合は同じ集合です。

$$A = \{1, 2, 3, 4, 5, 6, 7, 8, 9, 10\}$$
$$B = \{4, 5, 6, 1, 2, 3, 7, 8, 9, 10\}$$

対話モードで同じかどうか（==で比較したときに True が返されるか）試してみます。

```
>>> A = {1, 2, 3, 4, 5, 6, 7, 8, 9, 10}
>>> B = {4, 5, 6, 1, 2, 3, 7, 8, 9, 10}
>>> A == B
True
```

結果は True なので、A と B は同じです。

集合の要素は重複しません。重複した値は削除されます。

```
>>> A = {1, 2, 2, 3, 4, 4, 5, 6, 7, 8, 9, 9, 10}
>>> A
{1, 2, 3, 4, 5, 6, 7, 8, 9, 10}
```

集合の要素は数値でなくてもかまいません。次の例は果物の名前の集合です。

```
fruits = {"みかん", "りんご", "バナナ", "ぶどう", "梨"}
```

11.1.2 部分集合

集合の一部を**部分集合**といいます。次の例は 10 以下の素数（prime number）の集合です

$$P = \{2, 3, 5, 7\}$$

集合 P は、次の集合 A に含まれる部分集合です。

$$A = \{1, 2, 3, 4, 5, 6, 7, 8, 9, 10\}$$

部分集合であるかどうかは演算子 <= を使って調べることができます。

```
>>> P = {2, 3, 5, 7}
>>> A = {1, 2, 3, 4, 5, 6, 7, 8, 9, 10}
>>> P <= A
True
```

集合の要素が、果物の名前 fruits と好きなもの like の集合でも同じように調べることができます。

```
>>> fruits = {"みかん", "りんご", "バナナ", "ぶどう", "梨"}
>>> like = {"りんご", "ぶどう", "梨"}
```

```
>>> like <= fruits
True
```

これで好きなものはすべて果物の仲間に含まれていることがわかります。

11.1.3　積集合

ふたつの集合に共通する要素の集合を**積集合**といい、∩（キャップ）で表します。

20 以下の素数の集合 P_{U20} と 10 以下の整数の集合 A の積集合は数学では次のように表現します。

$$P_{U20} = \{2, 3, 5, 7, 11, 13, 17, 19\},$$
$$A = \{1, 2, 3, 4, 5, 6, 7, 8, 9, 10\}$$
$$\Rightarrow P_{U20} \cap A = \{2, 3, 5, 7\}$$

Python では ∩ は演算子 & で表します。20 以下の素数の集合 P_{U20} と 10 以下の整数の集合 A の積集合は次のようにして求められます。

```
>>> PU20 = {2, 3, 5, 7, 11, 13, 17, 19}
>>> A = {1, 2, 3, 4, 5, 6, 7, 8, 9, 10}
>>> PU20 & A
{2, 3, 5, 7}
```

11.1.4　和集合と差集合

ふたつの集合のすべての要素の集合を**和集合**といい、数学では ∪（カップ）で表します。

$$P_{U20} = \{2, 3, 5, 7, 11, 13, 17, 19\},$$
$$A = \{1, 2, 3, 4, 5, 6, 7, 8, 9, 10\}$$
$$\Rightarrow P_{U20} \cup A = \{1, 2, 3, 4, 5, 6, 7, 8, 9, 10, 11, 13, 17, 19\}$$

和集合は、Python では演算子 | で表します。

```
>>> PU20 = {2, 3, 5, 7, 11, 13, 17, 19}
>>> A = {1, 2, 3, 4, 5, 6, 7, 8, 9, 10}
>>> PU20 | A
{1, 2, 3, 4, 5, 6, 7, 8, 9, 10, 11, 13, 17, 19}
```

　一方の集合からもうひとつの集合の要素を引いたものを**差集合**といいます。これは、数学でも Python でも −（マイナス）で表します。

```
>>> PU20 = {2, 3, 5, 7, 11, 13, 17, 19}
>>> A = {1, 2, 3, 4, 5, 6, 7, 8, 9, 10}
>>> PU20 - A
{19, 17, 11, 13}
```

11.1.5　対称差と空集合

　ふたつの集合から共通する要素を除いた集合を**対称差**といい、^ で表します。

　10 以下の素数の集合 P_{U20} と 10 以下の整数の集合 A の対称差は次のように表現します。

```
>>> PU20 = {2, 3, 5, 7, 11, 13, 17, 19}
>>> A = {1, 2, 3, 4, 5, 6, 7, 8, 9, 10}
>>> PU20 ^ A
{1, 4, 6, 8, 9, 10, 11, 13, 17, 19}
```

　要素が一つもない集合を**空集合**と呼び、数学では ∅ で表し、Python では set() で表します。

　次の例は 10 以下の偶数の集合 E と 10 以下の奇数の集合 O との積集合（共通する要素の集合）を求める例です。

```
>>> E = {2, 4, 6, 8, 10}
>>> O = {1, 3, 5, 7, 9}
>>> E & O     # 積集合 E∩A
set()
```

[**問題**]　既に示した果物の集合 fruits の中で、木になる果物 treefruits でない果物の集合を求めましょう。

[**解説と解答**]　果物の集合 fruits は次のように定義されます。

```
fruits = {"みかん", "りんご", "バナナ", "ぶどう", "梨"}
```

　木になる果物（treefruits）は次のように定義されます。

```
treefruits = {"みかん", "りんご", "バナナ", "梨"}
```

　求めたいのは、果物の集合 fruits の中から、木になる果物 treefruits でない果物の集合を引いた差集合です。

```
fruits - treefruits
```

　対話モードで差集合を求めると、次のようになります。

```
>>> fruits = {"みかん", "りんご", "バナナ", "ぶどう", "梨"}
>>> treefruits = {"みかん", "りんご", "バナナ", "梨"}
>>> fruits - treefruits
{'ぶどう'}
```

　よって、ぶどうが木になる果物でない果物（つる性植物の果実）の集合です。
　要素ひとつでも集合であることに注意してください。　　　　　　　　　　　　［終］

11.2　確率

　確率は、ある出来事が起こり得る可能性の度合です。AI の分野では、たとえばある人が買いそうな商品を勧める場合や将来の値の予測のような場合など、さまざまな場面で使われます。

11.2.1　確率の基礎

　確率はある出来事が偶然に起きそうな割合を 0〜1 の範囲で表します。0 はそのことが起きる可能性がないことを表し、1 は必ず起きることを表します。確率が 1.0 を超えることはありません。
　日常生活では、確率そのものを使うより、値を 100 倍した％単位で使われることが多いでしょう。たとえば、数学的に確率が 0.3 の場合に「確率は 30％である」ということがよくあります。
　確率は次の式で表すことができます。

$$P(A) = \frac{n}{N}$$

　N は起こり得るすべての場合の数、n は事象 A が起こる場合の数です。

ここでサイコロを一回振ったときに、サイコロの偶数の目が出る確率を考えてみましょう。

$P(A)$ は、「サイコロを一回振ったときに、サイコロの偶数の目が出る確率」です。N は起こり得るすべての場合の数ですが、サイコロの場合は 1〜6 のいずれかの目が出ることがあり得るので、$N = 6$ です。そして、サイコロの偶数の目は$\{1, 3, 5\}$のいずれかなので、$n = 3$ です。確率は次の式で計算できます。

$$P(A) = \frac{3}{6} = \frac{1}{2}$$

従って、確率は $1/2 = 0.5$ になります。

Python では、fractions モジュールの Fraction() で分数を表現することができます。

```
fractions.Fraction(3, 6)
```

fractions.Fraction() を使う利点は、自動的に実数に変換されないので、実数に変換されることによる誤差が発生しないという点です。

たとえば、1/3 を普通の式で表現すると次のように近似値で表現されます。

```
>>> A = 1 / 3
>>> print(A)
0.3333333333333333
```

しかし、fractions.Fraction() を使えば、分数は分数のまま保持されます。

```
>>> import fractions
>>> fractions.Fraction(1, 3)
Fraction(1, 3)
```

11.2.2　確率の和と積

複数の事象のどちらかが起きることを**和事象**といいます。

サイコロを一回振ったときに、サイコロの偶数の目が出る確率は、1 が出る確率、3 が出る確率、5 が出る確率、の和であると考えることもできます。

$$P(A) = \frac{1}{6} + \frac{1}{6} + \frac{1}{6}$$

これを対話モードで実行すると、次のような結果を得ることができます。

```
>>> A = 1 / 6 + 1 / 6 + 1 / 6
>>> print(A)
0.5
```

　結果は 0.5 で、$N = 6$、$n = 3$ で計算したときと同じ結果になりました。このように確率の和で計算することもできます。

　なお、Python で計算するときに、fractions.Fraction() とすると式が長くなる点を避けるために、次のように fractions モジュールから Fraction だけをインポートすると、修飾なしで使うことができます。

```
from fractions import Fraction

A = Fraction(1, 6) + Fraction(1, 6) + Fraction(1, 6)
```

　これを対話モードで実行してみましょう。

```
>>> from fractions import Fraction
>>>
>>> A = Fraction(1, 6) + Fraction(1, 6) + Fraction(1, 6)
>>> print(A)
1/2
```

　結果は $1/2 = 0.5$ で、$N = 6$、$n = 3$ で計算したときと同じ結果になりました。

[問題]　サイコロを一回振ったときに、3 の倍数の目が出る確率を計算してみましょう。

[解説と解答]　3 の倍数の目が出る事象 n は、3 が出る場合と 6 が出る場合です。よって確率は次のようになります。

$$P(A) = \frac{1}{6} + \frac{1}{6} = \frac{2}{6} = \frac{1}{3}$$

　対話モードで実行するときには、fractions.Fraction() を使えば近似値ではなく分数で結果が得られます。

```
>>> from fractions import Fraction
>>> A = Fraction(1, 6) + Fraction(1, 6)
>>> print(A)
```

> 1/3

もし単純に式 $1/6 + 1/6$ を計算すると、近似値 0.3333333333333333 になってしまいます。

```
>>> (1 / 6) + (1 / 6)
0.3333333333333333
```

［終］

11.2.3 確率の積

複数の事象が同時に（または続けて）起きることを**積事象**といいます。

サイコロを 2 回振ったときに、2 回ともサイコロの偶数の目が出る確率は、次の式で計算できます。

$$P(A) = \frac{1}{2} \times \frac{1}{2} = 0.25$$

サイコロの場合は 1 回目の試行の結果は 2 回目の試行の結果に影響を与えないので（排反なので）これで良いのですが、N（起こり得るすべての場合の数）や n（事象 A が起こる場合の数）が変わる場合は注意が必要です。

11.2.4 期待値

期待値は、得られる値とその確率の積です。期待値を E、その事象の確率を P、得られる値を x とすると、次の式で求めることができます。

$$E = Px$$

きわめて単純な例で示すと、あるくじで、1 等の当たり賞金が 1000 円で、1 等に当たる確率が 1/10 だとすると、期待値は次の式で計算できます。

$$1000 \times \frac{1}{10} = 100$$

つまり、そのくじを買うと、確率を考慮して、賞金として 100 円当たることが期待できるということになります。

一般的には、得られる値とその確率が複数あって、その場合は、得られる値とその確率の積の和になります。

得られる値が $x_1, x_2, x_3, \ldots$ で、それぞれの確率が $P_1, P_2, P_3, \ldots$ だとすると、確率は次の式で求めることができます。

$$E = \sum_{k=1}^{n} P_k x_k$$

くじの例で示すと、1 等の当たり賞金が 1000 円で当たる確率が 1/10、2 等の当たり賞金が 500 円で当たる確率が 2/10、3 等の当たり賞金が 100 円で当たる確率が 4/10 だとすると、期待値は次の式で計算できます。

$$1000 \times \frac{1}{10} + 500 \times \frac{2}{10} + 100 \times \frac{4}{10} = 100 + 100 + 40 = 240$$

つまり、そのくじを買うと、賞金として 240 円当たることが期待できるということになります。

Python で計算するには、配列に値と確率を保存しておいて、配列の要素をかけ合せてから、その合計を取得します。配列を作成するには NumPy というモジュールにある `numpy.array()` を使い、配列の要素の合計を計算するためには `numpy.sum()` を使います。

リスト 11.1　eeqxp.py

```python
import numpy as np

x = np.array([1000, 500, 100])      # 当たる金額
p = np.array([1/10, 2/10, 4/10])    # 当たる確率
xp = x * p                          # それぞれの要素をかける
E = np.sum(xp)                      # 合計する
print(E)
```

対話モードで実行すると次のようになります。

```
>>> import numpy as np
>>>
>>> x = np.array([1000, 500, 100])
>>> p = np.array([1/10, 2/10, 4/10])
>>> xp = x * p
>>> E=np.sum(xp)
>>> print(E)
240.0
```

賞金として 240 円当たることが期待できるということがわかります。

［**問題**］　1 等の当たり賞金が 10000 円で当たる確率が 1/100、2 等の当たり賞金が 100 円で当たる確率が 2/100、3 等の当たり賞金が 50 円で当たる確率が 1/10 である期待値を計算してみましょう。

［**解説と解答**］　次のコードを実行します。

```
import numpy as np

x = np.array([10000, 100, 50])      # 当たる金額
p = np.array([1/100, 2/10, 1/10])   # 当たる確率
xp = x * p                          # それぞれの要素をかける
E = np.sum(xp)
print(E)
```

実行してみると 125.0 という答えが得られます。　　　　　　　　　　　　　　　　［終］

11.3　統計

収集されたデータを扱うことを**統計学**といいます。

11.3.1　データ

統計で操作したり分析したりする対象はデータです。

かつては、コンピューターがないか、あっても非力であったために、調査対象全体（**母集団**）の中から一部を抜き出したデータ（**標本**）だけを扱っていました。そのためには、母集団と標本の性質や特徴ができるだけ一致していなければならないために、抽出の方法が重要でした。一般的には無作為に抽出する無作為抽出が行われ、そうして得られた**無作為標本**を扱うのが普通でした。

現在では、コンピューターで膨大なデータを比較的容易に扱えるようになったので、膨大なデータを扱うことが普通になりました。なお、そのようなデータを扱うときにも、データすべてをそのまま使うのではなく、極端なデータや意図的なデータを除外するなどの配慮は必要になる場合があります。

Python ではデータをリストに入れてまとめて扱うことができます。

```
data = [161, 158, 157, 161, 167, 158, 162, 160, 159, 161, 160]
```

しかし、リストでは要素の順番が重視されるので、操作に時間がかかる場合があります。データを配列で扱うほうがあとの操作が簡単で高速になる場合は、たとえば NumPy モジュールの array（配列）でデータを保持することができます。

次の例は numpy.array() を使ってある高校の1年生女子の身長のデータを保持する例です。

```
import numpy as np

hdata = np.array([161, 158, 157, 161, 167, 158, 162, 160, 159, 161, 160])
```

11.3.2　基本的な統計値

平均値は、対象とするデータの値をすべて加算してデータの数で割った値です。

Python で平均を求める方法はたくさんあります。最も一般的なのは、numpy.mean() を使って計算する方法です。

```
hdata = np.array([161, 158, 157, 161, 167, 158, 162, 160, 159, 161, 160])

np.mean(hdata)            # 単純平均を計算する
```

たとえば、対話モードで次のようにして計算します。

```
>>> import numpy as np
>>>
>>> hdata = np.array([161, 158, 157, 161, 167, 158, 162, 160, 159, 161, 160])
>>> np.mean(hdata)            # 単純平均を計算する
160.36363636363637
```

単純平均値が 160.36 であることがわかりました。これは次の計算を行ったのと同じです。

```
>>> (161+158+157+161+167+158+162+160+159+161+160)/11
160.36363636363637
```

データをリストに入れて扱う場合は、NumPy を使わずに、次のように sum() で求めた合計を len() で求めた要素数で割っても構いません。

```
data = [161, 158, 157, 161, 167, 158, 162, 160, 159, 161, 160]

sum(data) / len(data)
```

結果として 160.36363636363637 が得られます。

数値データを数学的に統計計算するための関数が statistics モジュールで提供されています。これを使って平均を計算することもできます。

```
import statistics

data = [161, 158, 157, 161, 167, 158, 162, 160, 159, 161, 160]

statistics.mean (data)
```

Note Python にはさまざまなパッケージ／モジュールが用意されているので、平均値をさまざまな方法で計算できるのと同様に、以降に示す計算も複数の方法で計算できます。採用する方法は、速さ、正確さ、コンパクトさ、便利さなどで選びますが、小さなプログラムではどれを使っても構いません。

Python で**加重平均**（重み付きの平均）を求めるときには、numpy.average() を使って計算することができます。

たとえば、次の例は、いちばん背の高い人はとびぬけて背が高いのでその点を考慮して重み weight を他の人の半分にする例です。

```
import numpy as np

hdata = np.array([157, 158, 159, 160, 161, 162, 167])

weight = np.array([ 1, 2, 1, 2, 2, 1, 0.5])
```

これは、対話モードで次のようにして計算します。

```
>>> import numpy as np
>>>
>>> hdata = np.array([157, 158, 159, 160, 161, 162, 167])
>>> weight = np.array([ 1, 2, 1, 2, 2, 1, 0.5])
```

```
>>> np.average(hdata, weights=weight)    # 加重平均を計算する
159.94736842105263
```

いちばん背の高い人の重みを 0.5 にした場合の加重平均値が約 159.9 であることがわかりました。

最大値と**最小値**は、numpy.max() と numpy.min() で調べることができます。

```
import numpy as np

hdata = np.array([161, 158, 157, 161, 167, 158, 162, 160, 159, 161, 160])
np.max(hdata)        # 最大値を計算する
np.min(hdata)        # 最小値を計算する
```

中央値は、データを大きさの順に並べたときにちょうど中央になる値です。

161, 158, 157, 161, 167, 158, 162, 160, 159, 161, 160
⇩並べなおす
157, 158, 158, 159, 160, 160, 161, 161, 161, 162, 167

図 11.1　中央値

中央値は、numpy.median() で調べることができます。

```
import numpy as np

hdata = np.array([161, 158, 157, 161, 167, 158, 162, 160, 159, 161, 160])
np.median(hdata)
```

最頻値（mode）は、最も出現回数が多い数を表します。
numpy.bincount() を使うと、各値の出現回数をカウントすることができます。

```
>>> hdata = np.array([161, 158, 157, 161, 167, 158, 162, 160, 159, 161, 160])
>>> np.bincount(hdata)
array([0, 0, 0, 0, 0, 0, 0, 0, 0, 0, 0, 0, 0, 0, 0, 0, 0, 0, 0, 0, 0, 0, 0,
       0, 0, 0, 0, 0, 0, 0, 0, 0, 0, 0, 0, 0, 0, 0, 0, 0, 0, 0, 0, 0, 0, 0,
       0, 0, 0, 0, 0, 0, 0, 0, 0, 0, 0, 0, 0, 0, 0, 0, 0, 0, 0, 0, 0, 0, 0,
       0, 0, 0, 0, 0, 0, 0, 0, 0, 0, 0, 0, 0, 0, 0, 0, 0, 0, 0, 0, 0, 0, 0,
       0, 0, 0, 0, 0, 0, 0, 0, 0, 0, 0, 0, 0, 0, 0, 0, 0, 0, 0, 0, 0, 0, 0,
```

```
    0, 0, 0, 0, 0, 0, 0, 0, 0, 0, 0, 0, 0, 0, 0, 0, 0, 0, 0, 0, 0, 0, 0,
    0, 0, 0, 0, 0, 0, 0, 0, 0, 0, 0, 0, 0, 0, 0, 0, 0, 0, 0, 0, 0, 0, 0,
    0, 0, 0, 1, 2, 1, 2, 3, 1, 0, 0, 0, 0, 1], dtype=int64)
```

出現回数が最大のインデックスを探せば、最頻値がわかります。

リスト 11.2　mode.py

```
import numpy as np

hdata = np.array([161, 158, 157, 161, 167, 158, 162, 160, 159, 161, 160])
count = np.bincount(hdata)        # 各値の出現回数をカウントする
md = np.argmax(count)             # 最も頻度が多い数を取得する
print("最頻値=", md)
```

このスクリプトを実行すると、次のように結果が得られます。

```
>python mode.py
最頻値= 161
```

11.3.3　データの散らばり

データの散らばり具合を示す値のひとつに**分散**があります。分散は平均値とデータの値の差の二乗を加えた値の平均です。n をデータ数、x_k を個々のデータ、μ を平均値とすると、分散 V は次の式で表されます。

$$V = \frac{1}{n} \sum_{k=1}^{n} (x_k - \mu)^2$$

手作業での計算式は面倒ですが、Python の numpy.var() を使えば分散を容易に計算できます。

```
>>> import numpy as np
>>> hdata = np.array([161, 158, 157, 161, 167, 158, 162, 160, 159, 161, 160])
>>> V = np.var(hdata)
>>> print(V)
6.595041322314049
```

データの散らばり具合を示すもうひとつの値が**標準偏差**です。標準偏差 σ は分散 V の平方

根です。

$$\sigma = \sqrt{V}$$

標準偏差は上の V に対して平方根を求めることでも得られますし、numpy.std() で求めることもできます。

```
>>> import numpy as np
>>> hdata = np.array([161, 158, 157, 161, 167, 158, 162, 160, 159, 161, 160])
>>> V = np.var(hdata)
>>> np.sqrt(V)              # 分散の平方根で求める
2.568081253059188
>>> sygma = np.std(hdata)   # データから直接求める
>>> print( sygma )
2.568081253059188
```

[問題] 次のような体重のデータの、平均、分散、標準偏差の値を計算してみましょう。

```
wdata = np.array([63, 52, 48, 62, 64, 60, 62, 56])
```

[解説と解答] 平均を numpy.ave() を使って、分散を numpy.var() を使って、標準偏差を numpy.std() を使って計算します。

リスト 11.3 avevarstd.py

```
import numpy as np

wdata = np.array([63, 52, 48, 62, 64, 60, 62, 56])

ave = np.average(wdata)           # 平均を求める
print('平均=', ave)

V = np.var(wdata)                 # 分散を求める
print('分散=', V)

sygma = np.std(wdata)             # 標準偏差を求める
print('標準偏差=', sygma)
```

このスクリプトを実行すると、次のようになります。

```
>python avevarstd.py
平均= 58.375
分散= 29.484375
標準偏差= 5.429951657243368
```

［終］

11.3.4　ヒストグラム

　データをグラフ化すると視覚的に見やすくなり、データの性質を理解しやすくなります。データをグラフにするために、第5章でも使った matplotlib というパッケージの中の hist() を使うことで、**ヒストグラム**（histogram）をとても容易に描くことができます。ヒストグラムは横軸を値とし、縦軸は頻度（その値のデータ数）とします。

　ヒストグラムを描くには、最初に、グラフを描画するために matplotlib というパッケージの中のライブラリ pyplot をインポート（import）して、プログラムの中で plt という名前で（as plt）使えるようにします。

```
import matplotlib.pyplot as plt    # パッケージをインポートする
```

　そして、matplotlib.pyplot.hist() を使ってグラフを描きます。

```
plt.hist(data)
```

　スクリプトにすると、次のようになります。

リスト 11.4　histheight.py

```
import numpy as np
import matplotlib.pyplot as plt

data = np.array([161, 158, 157, 161, 167, 158, 162, 160, 159, 161, 160])
plt.hist(data)
plt.grid(color = '0.8')
plt.show()
```

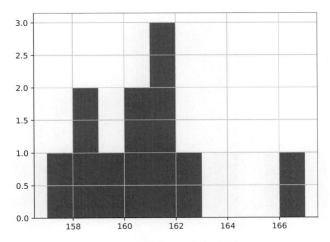

図 11.2 身長データのヒストグラム

Note 紙面にコードを掲載する都合でデータ数が少ないので、この例は必ずしも理想的とはい
えない例です。読者はデータを増やしてグラフを描いてみましょう。

[**問題**] 次のような体重のデータのヒストグラムを描いてみましょう。

```
wdata = np.array([55, 52, 50, 58, 54, 55, 60, 56, 55, 57])
```

[**解説と解答**] たとえば次のようなスクリプトを作って実行します。

リスト 11.5 **histw.py**

```
import numpy as np
import matplotlib.pyplot as plt

wdata = np.array([55, 52, 50, 58, 54, 55, 60, 56, 55, 57])
plt.hist(wdata)
plt.grid(color = '0.8')
plt.show()
```

スクリプトを実行すると、次のようなグラフが描かれます。

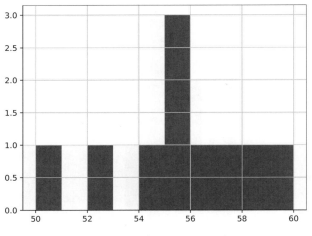

図 11.3 体重データのヒストグラム

[終]

11.3.5 散布図

散布図を描くと、ふたつのデータの関連性と、データの散らばりぐあいを知ることができます。

たとえば、次のような身長のデータ hdata とそれに対応する体重のデータ wdata があるとします。

```
hdata = np.array([161, 158, 157, 161, 167, 158, 162, 160, 159, 161, 160])
wdata = np.array([ 55, 52, 50, 58, 64, 55, 60, 56, 55, 57, 58])
```

これらのデータを matplotlib.pyplot.scatter() でグラフ化することができます。

```
matplotlib.pyplot.scatter(hdata, wdata)
```

Python のスクリプトにすると、全体は次のようになります。

リスト 11.6　scatterhw.py

```
import numpy as np
import matplotlib.pyplot as plt
```

```
hdata = np.array([161, 158, 157, 161, 167, 158, 162, 160, 159, 161, 160])
wdata = np.array([ 55, 52, 50, 58, 64, 55, 60, 56, 55, 57, 58])
plt.scatter(hdata, wdata)
plt.show()
```

このスクリプトを実行すると、次のようなグラフが描かれます。

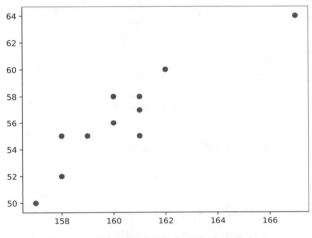

図 11.4　身長データと体重データの散布図

身長が高いほど体重が重い傾向があることが明瞭にわかります。

11.3.6　正規分布

最頻値付近の値の頻度が高くて、最頻値から離れるほど数が少なくなる、**図 11.5** に示すようなデータが世の中には少なくありません。このようにグラフにすると山形になるデータの分布の状態を**正規分布**といいます。

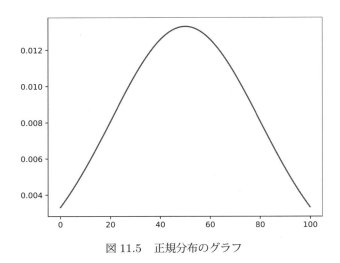

図 11.5　正規分布のグラフ

　上のグラフは次のような**確率密度関数**（probability density function、PDF）と呼ばれる関数を使って描いたものです。

$$f(x) = \frac{1}{\sigma\sqrt{2\pi}} \exp\left(-\frac{(x-\mu)^2}{2\sigma^2}\right)$$

pdf() は scipy モジュールに scipy.stats.norm.pdf() として提供されているものを使うことができます。

```
y = scipy.stats.norm.pdf(x, 50, 30)
```

　上のグラフを描くためには、次のスクリプトを実行します。

リスト 11.7　normal.py

```
import numpy as np
from scipy.stats import norm
import matplotlib.pyplot as plt

x = np.arange(0, 100, 0.1)

# 確率密度関数
y = norm.pdf(x, 50, 30)          # 平均=50、標準偏差=30

# グラフを表示する
plt.plot(x, y)
```

```
plt.show()
```

このスクリプトを実行するためには、scipy モジュールがインストールされていなければなりません。インストールされていない場合は、次のようなコマンドでインストールします。

```
>python -m pip install scipy
```

そして normal.py を実行すると上に示したようなグラフが描かれます。

ここで重要なのは、データの分布が、頂点がほぼ中央で、なだらかに下る山形になっている点です。このことが重要である点については、次の 11.3.7 節で学びます。

[問題] 平均が 55 で標準偏差が 20 の正規分布のグラフを描いてみましょう。

[解説と解答] 次のスクリプトを実行します。

リスト 11.8 normal5520.py

```
import numpy as np
from scipy.stats import norm
import matplotlib.pyplot as plt

x = np.arange(0, 100, 0.1)

# 確率密度関数
y = norm.pdf(x, 55, 20)          # 平均=55、標準偏差=20

# グラフを表示する
plt.plot(x, y)
plt.show()
```

次のようなグラフが描かれます。

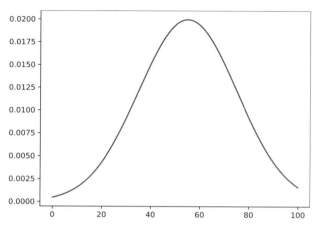

図 11.6　平均 55、標準偏差 20 の正規分布のグラフ

［終］

11.3.7　偏差値

ある数値が、平均値からどの程度へだたっているのかを示す数値を**偏差値**（T-score）といいます。たとえば、テストの得点であるなら、計算した偏差値が高ければ平均より優秀であることを示し、偏差値が低ければ平均より劣っていることを示します。

標準偏差を σ、平均値を μ としたとき、ある値 x の偏差値 T は次の式で表せます。

$$T = \frac{10(x - \mu)}{\sigma} + 50$$

単純平均や標準偏差の求め方はすでに学びました。従って、特定の人の値 x の偏差値は次のコードで求めることができます。

```
hdata = np.array([161, 158, 157, 161, 167, 158, 162, 160, 159, 161, 160])
myu = np.mean(hdata)            # 単純平均を計算する
sygma = np.std(hdata)          # 標準偏差を計算する
tscore = ((x - myu)/sygma)*10 + 50
```

次の例は、これまで例として示してきたすべての人の身長の偏差値を求めて表示するスクリプトの例です。

リスト 11.9　tscore.py

```python
import numpy as np

i = 1
hdata = np.array([161, 158, 157, 161, 167, 158, 162, 160, 159, 161, 160])
myu = np.mean(hdata)              # 単純平均を計算する
sygma = np.std(hdata)            # 標準偏差を計算する

for x in hdata:
    tscore = ((x - myu)/sygma)*10 + 50
    print(i, '人目の身長=', x, '偏差値=', round(tscore,1))
    i += 1
```

「for x in hdata:」は、hdata の各要素 x_i に対して以下を繰り返し実行します。「round(tscore,1)」は、tscore の数を小数点以下 1 位で丸めます。

このスクリプトを実行すると、次のような結果が得られます。

```
1 人目の身長= 161 偏差値= 52.5
2 人目の身長= 158 偏差値= 40.8
3 人目の身長= 157 偏差値= 36.9
4 人目の身長= 161 偏差値= 52.5
5 人目の身長= 167 偏差値= 75.8
6 人目の身長= 158 偏差値= 40.8
7 人目の身長= 162 偏差値= 56.4
8 人目の身長= 160 偏差値= 48.6
9 人目の身長= 159 偏差値= 44.7
10 人目の身長= 161 偏差値= 52.5
11 人目の身長= 160 偏差値= 48.6
```

偏差値を比較するときには、データが正規分布に近いことを前提としています。データの分布が正規分布からかけ離れている場合、偏差値は重要な意味を持ちません。このことは大切です。

[問題]　次の体重データから各人の偏差値を求めてみましょう。

```python
wdata = np.array([ 55, 52, 50, 58, 64, 55, 60, 56, 55, 57, 58])
```

[解説と解答]　次のスクリプトを作成します。

リスト 11.10　tscorew.py

```python
import numpy as np

i = 1
wdata = np.array([ 55, 52, 50, 58, 64, 55, 60, 56, 55, 57, 58])
myu = np.mean(wdata)              # 単純平均を計算する
sygma = np.std(wdata)            # 標準偏差を計算する

for x in wdata:
    tscore = ((x - myu)/sygma)*10 + 50
    print(i, '人目の体重=', x, '偏差値=', round(tscore,1))
    i += 1
```

このスクリプトを実行すると、次のような結果が得られます。

```
1 人目の体重= 55 偏差値= 46.2
2 人目の体重= 52 偏差値= 37.9
3 人目の体重= 50 偏差値= 32.3
4 人目の体重= 58 偏差値= 54.5
5 人目の体重= 64 偏差値= 71.2
6 人目の体重= 55 偏差値= 46.2
7 人目の体重= 60 偏差値= 60.1
8 人目の体重= 56 偏差値= 49.0
9 人目の体重= 55 偏差値= 46.2
10 人目の体重= 57 偏差値= 51.8
11 人目の体重= 58 偏差値= 54.5
```

［終］

第12章

AIへの導入

　数学の知識は、人工知能（Artificial Intelligence; AI）における値の扱い方を理解するために役立ちます。ここでは Python で将来の予測を行ってみた後で、AI で数学を活用するために必要なことについて考察します。

12.1　予測

　過去から現在までのデータをもとに将来の値を予測することはよく行われます。たとえば、ある都市のこれまでの人口の推移から将来人口を予測したり、これまでの売り上げ高から来年の売り上げ高を予測するというようなことは日常的に行われています。

12.1.1　直線回帰

　創業以来の A 社の売り上げの推移が次の表のとおりであるとします。

表 12.1　A 社の売り上げの推移

営業年数	1	2	3	4	5	6	7
売上金額	150	178	180	182	223	228	248
営業年数	8	9	10	11	12	13	14
売上金額	240	278	299	292	302	344	338

これを折れ線グラフで表示するには、次のようなスクリプトを使います。

リスト 12.1　acoline.py

```python
import numpy as np
import matplotlib.pyplot as plt

year = range(1, 15)
sales = [150, 178, 180, 182, 223, 228, 248, 240, 278, 299, 292, 302, 344, 338]

plt.plot(year, sales)
plt.xlim(0, 15)
plt.ylim(0, 500)
plt.xlabel('year', fontsize = 16)
plt.ylabel('sales', fontsize = 16)
plt.grid(color = '0.8')
plt.show()
```

これを実行すると、次のようなグラフが描かれます。

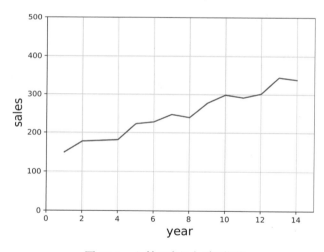

図 12.1　A 社の売り上げの推移

　全体的に見れば、創業 1 年目から 14 年目まで、ほぼ右肩上がりで売上金額が伸びています。
　ここで来年 15 年目の売り上げを予測するとします。そのためには、たとえば、次の図に示す破線のような直線を描くと 15 年目の売り上げが予測できそうです。このように、各値の近くを通過する直線を**回帰直線**といい、このような線をしらべることを**回帰分析**といいます。
　図 12.2 は何の根拠もなくただ見た目でこんな風になりそうだということで引いた線です。正確に予測するためには、**図 12.3** の各年の売り上げの値と回帰直線の間隔 dy_n の値を合計した

値が最も小さくなるように線を引く必要があります。

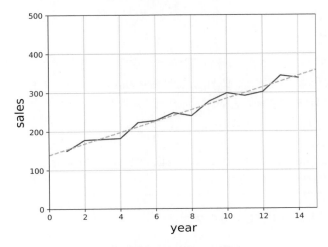

図 12.2　目視で描いた線

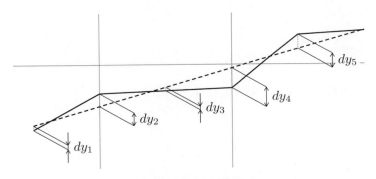

図 12.3　値と直線の間隔

　ただし、値と直線の間隔 dy_n の値は正の値である場合も負の場合もあるので、2 乗してから合計します。

　このようにして値が最も小さくなるようにする方法を**最小二乗法**といいます。数学的には、次のような式の値が最小になるような $f(x)$ を求めることです。

$$\sum_{i=1}^{n}(y_i - f(x))^2$$

具体的な計算方法は、回帰直線を $y = ax + b$ とするとき、

$$a = \frac{S_{xy}}{S_{x^2}}, \quad b = \mu_y - a\mu_x$$

S_{xy} は x と y の共分散で、次の式で求めます。

$$S_{xy} = \frac{1}{n}\sum_{i=1}^{n}(x_i - \mu_x)(y_i - \mu_y)$$

S_{x^2} は x の分散です。μ_x と μ_y はそれぞれのデータの平均です。

これを計算すればよいのですが、Python では個々の計算をしなくても、numpy.polyfiy() を利用するだけで回帰直線の傾き a と切片 b を計算できます。

```
year = range(1, 15)
sales = [150, 178, 180, 182, 223, 228, 248, 240, 278, 299, 292, 302, 344, 338]
a, b = np.polyfit(year, sales, 1)
```

対話モードでこの計算を実行してみます。

```
>>> a, b = np.polyfit(year, sales, 1)
>>> a
14.637362637362639
>>> b
138.93406593406596
```

つまり、直線の関数は $14.6x + 138.9$ となることがわかります。そして、15 年目の売り上げの予測は次のように計算できます。

```
>>> a * 15 + b
358.4945054945056
```

次のスクリプトは、売り上げの推移と回帰直線を描く例です。

リスト 12.2　acolin.py

```
import numpy as np
import matplotlib.pyplot as plt


year = range(1, 15)
sales = [150, 178, 180, 182, 223, 228, 248, 240, 278, 299, 292, 302, 344, 338]
plt.plot(year, sales)

a, b = np.polyfit(year, sales, 1)
```

```
x = range(1, 16)
yy = a * x + b
plt.plot(x, yy, linestyle="dashed")

plt.xlim(0, 16)
plt.ylim(0, 500)
plt.xlabel('year', fontsize = 16)
plt.ylabel('sales', fontsize = 16)
plt.grid(color = '0.8')
plt.show()
```

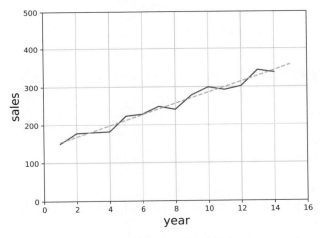

図 12.4　A 社の売り上げの推移と回帰直線

12.1.2　回帰曲線

　A 社のように順調に右肩上がりに売り上げが伸びている場合は直線で将来を予測することもできそうですが、常に直線回帰が適切であるわけではありません。たとえば、創業以来の B 社の売り上げの推移が次の表のとおりであるとします。

表 12.2　B 社の売り上げの推移

営業年数	1	2	3	4	5	6	7
売上金額	201	188	200	208	211	226	228
営業年数	8	9	10	11	12	13	14
売上金額	254	280	312	330	348	340	332

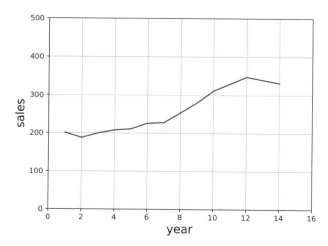

図 12.5　B 社の売り上げの推移

この売り上げの推移に対して、次のようなコードで直線回帰を行います。

リスト 12.3　bcoliner.py

```python
import numpy as np
import matplotlib.pyplot as plt

year = range(1, 15)
sales = [201, 188, 200, 208, 211, 226, 228, 254, 280, 312, 330, 348, 340, 332]
plt.plot(year, sales)

x = range(1, 16)
z = np.polyfit(year, sales, 1)
yy = z[0]*x + z[1]
plt.plot(x, yy, linestyle="dashed")

plt.xlim(0, 16)
plt.ylim(0, 500)
plt.xlabel('year', fontsize = 16)
plt.ylabel('sales', fontsize = 16)
plt.grid(color = '0.8')
plt.show()
```

次のように予測されます。

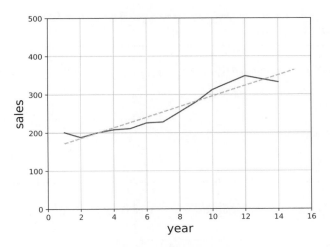

図 12.6　B 社の直線回帰による予測

このデータに対してこうして直線をあてはめて来年の売り上げを予測するのは少々無理があるでしょう。

このような場合は直線ではなく曲線を使って回帰分析します。

12.1.3　多項式回帰

回帰分析に使う線や曲線はざまざまな種類の曲線を考えることができます。直線回帰では次のような一次関数を使いました。

$$y = ax + b$$

一次関数の代わりに次のような 2 次関数や 3 次関数を使えば、データの一連の値により近い曲線が見つかる可能性があります。

$$y = ax^2 + bx + c$$
$$y = ax^3 + bx^2 + cx + d$$

これらを一般化した n 次関数の曲線の式は次のようになります。

$$f(x) = \sum_{k=0}^{n} a_k x^k$$

このような n 次多項式の関数による回帰を**多項式回帰**といいます。

n 次曲線の係数を求めるときには、回帰直線の係数を計算する際に使った `numpy.polyfit()` の第 3 引数に次元を指定します。

```
z = numpy. polyfit(x, y, n)
```

こうして得られた z に n 次曲線の係数が入っています。たとえば、二次関数を使った回帰曲線を求めたいなら、次のようにします。

```
z = np.polyfit(year, sales, 2)

yy = z[0]*x*x + z[1]*x + z[2]
```

データと二次関数を使った回帰分析結果を表示するスクリプト全体は次のようになります。

リスト 12.4　bco2.py

```python
import numpy as np
import matplotlib.pyplot as plt

year = range(1, 15)
sales = [201, 188, 200, 208, 211, 226, 228, 254, 280, 312, 330, 348, 340, 332]
plt.plot(year, sales)

x = range(1, 16)
z = np.polyfit(year, sales, 2)
yy = z[0]*x*x + z[1]*x + z[2]
plt.plot(x, yy, linestyle="dashed")

plt.xlim(0, 16)
plt.ylim(0, 500)
plt.xlabel('year', fontsize = 16)
plt.ylabel('sales', fontsize = 16)
plt.grid(color = '0.8')
plt.show()
```

得られる結果は次のようになります。

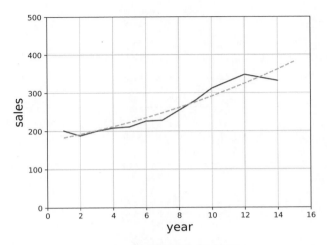

図 12.7 二次曲線の回帰のグラフ

　この結果を見ると、売り上げの経過によく一致しているとは思えません。そのようなときには次数の異なる他の回帰曲線を使ってみます。

　たとえば、3次関数を使った回帰曲線を求めたいなら、次のようにします。

```
z = np.polyfit(year, sales, 3)
yy = z[0]*x*x*x + z[1]*x*x + z[2]*x + z[3]
```

　データと3次関数を使った回帰分析結果を表示するスクリプト全体は次のようになります。

リスト 12.5 bco3.py

```
import numpy as np
import matplotlib.pyplot as plt

year = range(1, 15)
sales = [201, 188, 200, 208, 211, 226, 228, 254, 280, 312, 330, 348, 340, 332]
plt.plot(year, sales)

x = range(1, 16)
z = np.polyfit(year, sales, 3)
yy = z[0]*x*x*x + z[1]*x*x + z[2]*x + z[3]
plt.plot(x, yy, linestyle="dashed")

plt.xlim(0, 16)
```

```
plt.ylim(0, 500)
plt.xlabel('year', fontsize = 16)
plt.ylabel('sales', fontsize = 16)
plt.grid(color = '0.8')
plt.show()
```

得られる結果は次のようになります。

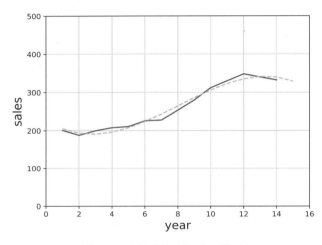

図 12.8　3 次曲線の回帰のグラフ

これは過去の推移にかなり即した曲線であるといえるでしょう。このときの z の値は次のようになります。

```
>>> z
array([ -0.25976964, 6.27888288, -29.05575307, 228.55344655])
```

つまり、x 年の売り上げの予測は次の式で求めることができます。

```
yy = -0.260 * x ** 3 + 6.279 * x ** 2 - x * 29.06 + 228.55
```

対話モードで 15 年目の売上げを計算してみましょう。

```
>>> x = 15
>>> yy = -0.260 * x ** 3 + 6.279 * x ** 2 - x * 29.06 + 228.55
```

```
>>> yy
327.9250000000001
```

よって、15 年目の売り上げの予測は 327.9 万円ということがわかります。

[**問題**]　B 社の来年度の売り上げの予測を 4 次関数を使った回帰曲線でグラフに示してみましょう。

[**解説と解答**]　次のコードを使います。

```
z = np.polyfit(year, sales, 4)

yy = z[0]*x*x*x*x + z[1]*x*x*x + z[2]*x*x + z[3]*x + z[4]
```

スクリプト全体は次のようになります。

リスト 12.6　bco4.py

```
import numpy as np
import matplotlib.pyplot as plt

year = range(1, 15)
sales = [201, 188, 200, 208, 211, 226, 228, 254, 280, 312, 330, 348, 340, 332]
plt.plot(year, sales)

x = range(1, 16)
z = np.polyfit(year, sales, 4)
yy = z[0]*x*x*x*x + z[1]*x*x*x + z[2]*x*x + z[3]*x + z[4]
plt.plot(x, yy, linestyle="dashed")

plt.xlim(0, 16)
plt.ylim(0, 500)
plt.xlabel('year', fontsize = 16)
plt.ylabel('sales', fontsize = 16)
plt.grid(color = '0.8')
plt.show()
```

得られる結果は次のようになります。

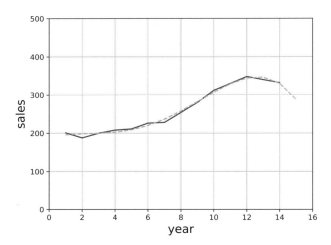

図 12.9　4 次曲線の回帰のグラフ

[終]

さらに、5 次関数を使った回帰曲線を求めたいなら、次のようにします。

```
z = np.polyfit(year, sales, 5)

yy = z[0]*x*x*x*x*x + z[1]*x*x*x*x + z[2]*x*x*x + z[3]*x*x + z[4]*x + z[5]
```

データと 5 次関数を使った回帰分析結果を表示するスクリプト全体は次のようになります。

リスト 12.7　bco5.py

```
import numpy as np
import matplotlib.pyplot as plt

year = range(1, 15)
sales = [201, 188, 200, 208, 211, 226, 228, 254, 280, 312, 330, 348, 340, 332]
plt.plot(year, sales)

x = range(1, 16)
z = np.polyfit(year, sales, 5)
yy = z[0]*x*x*x*x*x + z[1]*x*x*x*x + z[2]*x*x*x + z[3]*x*x + z[4]*x + z[5]
plt.plot(x, yy, linestyle="dashed")
```

```
plt.xlim(0, 16)
plt.ylim(0, 500)
plt.xlabel('year', fontsize = 16)
plt.ylabel('sales', fontsize = 16)
plt.grid(color = '0.8')
plt.show()
```

得られる結果は次のようになります。

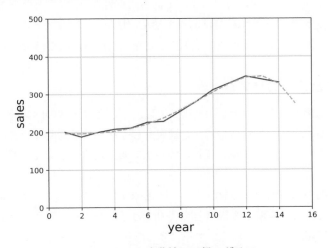

図 12.10　5 次曲線の回帰のグラフ

　5 次曲線では売り上げが急激に落ちることが予想されています。しかし、これは下がりすぎといえるでしょう。できればこのような結果になってほしくありませんが、どの予測もまったく根拠がないわけではなく、いずれもあり得る結果といえます。したがって、このような予測は確率の問題であるともいえます。

12.2　AI と数学

　AI では、数学やさまざまなアルゴリズムを使って問題を解決しようとします。

12.2.1　数学で得られること

　B 社の来年の売り上げの予測では、異なる種類の関数を使っていくつかの予測を行いました。この章の例では n 次関数で予測しましたが、曲線を表すものはほかにも多数あり、さらに

データに近い曲線とそのパラメーターを探すこともできます。このように、データから数学的に何らかの結果を求めることができるという点は重要です。

しかし、一般に AI と呼ぶ範疇で数学で解決しようとしているのは、データからパターンを学習する数学的なアルゴリズムの分野です。たとえば、上記の予測の問題の場合なら、どの曲線の結果を選択するのかという問題を解決するアルゴリズムが必要です。

とはいえ、AI で得られる結果というものは、ほとんどの場合に絶対的な正解ではなく、正解の可能性が高いと考えられるものです。たとえば、画像認識で「犬」と判定されたとしても、正確には「犬である可能性が 98.5%、キツネである可能性が 1.5%」というような確率が得られるだけで、「犬」と断定されたわけではありません。しかし、既存のアルゴリズムなどを使って結果を得る場合、得られた結果が確率であることを忘れがちなので注意が必要です。

12.2.2 データとアルゴリズム

多数の予測値から最も妥当な売上金額を得るには、たとえば多数の同業他社のさまざまな曲線による予測も行ってみて、それらの情報を根拠として適切な予測曲線を選択するという方法が考えられます。そのためには、単に B 社の売り上げ履歴だけではなく、同業他社のデータが必要になります。

さらに、景気動向や為替動向などを調べて、B 社や同業他社の売り上げ予測との相関関係を調べることによって、より信頼できる B 社の売り上げ予測を行うことができます。そのためには、各社の売り上げ履歴だけではなく、さらに多くのデータが必要になります。

データが豊富であればあるほど、そしてアルゴリズムが精緻であればあるほど、良い結果を得られることになります。問題解決のための項目（特徴量）を選び出したり、一連のアルゴリズム（モデル）の選択などを人間が行って、実際に収集したデータを分析・評価して結果を得ようとすることを**機械学習**といいます。機械学習では、モデルの選択やパラメーターの調整などに人間が必要に応じて関与する必要があります。

ディープラーニングでは、特徴量さえ与えずに、膨大なデータからコンピューターが学習して、結果に必要な項目をコンピューターに決定させて適切な結果を導こうとします。

Note 現在のところ、AI の厳密な定義は定まっていません。また、実用化されている AI システムは、自然言語処理や音声・画像の認識、文章や画像の生成、特定の分野の値の予測など、特定の分野を対象とするもので、どんなことでもコンピューターが自動的に解決するようなものは今のことろ存在していません。AI を構成する技術については発展途上であり、今後どんどん変わっていくことが予想されます。

付録A

Pythonのインストールと環境設定

　ここでは、Pythonをインストールして使う際に役立つことを紹介します。なお、特定の環境におけるインストールや環境設定、使い方になどに関するご質問にはお答えいたしかねます。

A.1　Pythonのバージョン

　本書執筆時点での最新版のバージョンは3.11.0です。本書のどのコードもバージョン3.7以上であれば実行可能です。また、ほとんどのコードはバージョン3.0以上のPythonで実行可能です。

　一部の開発ツールやPythonを使うアプリなどがインストールされているシステムでは、Pythonがすでにインストールされていて、Pythonを特にインストールする必要がない場合があります。

　Pythonがインストールされているかどうかは、オプション--versionを付けてPythonを実行してみると確認できます。

```
>python --version
Python 3.7.3
```

　Pythonの対話モードを起動するコマンド名pythonは、環境によってはpyやpython3などの場合があります。その場合は「py --version」や「python3 --version」のように正確な実行可能ファイル名を指定して実行します。

　次の例はLinux環境でpythonの代わりにpython3として実行した例です。

```
$ python3 --version
Python 3.10.6
```

バージョン名がまったく不明な場合は単に「python」または「python3」や「py」などと入力して Python を起動すると、バージョンが表示されます。

```
>python
Python 3.7.3 (v3.7.3:ef4ec6ed12, Mar 25 2019, 22:22:05) [MSC v.1916 64 bit (AMD64)] on
win32
Type "help", "copyright", "credits" or "license" for more information.
>>>
```

新たにインストールする場合は、特に理由がなければ、最新バージョンをインストールしてください。

Python 2 と Python 3 は互換性がない部分が数多くあります。本書にそって学習する場合は必ず Python 3 をインストールしてください。

本書の各章にある特定のモジュールを含むプログラムを実行するためには、インポートするモジュール（パッケージ）のインストールも必要です。

A.2　Python のインストール

Python の Web サイト（https://www.python.org/）の［Download］からプラットフォームとバージョンを選択してインストールします。選択したプラットフォーム／バージョンにインストーラーやインストールパッケージが用意されている場合は、それをダウンロードしてインストールする方法が最も容易なインストール方法です。

Windows の場合、Microsoft Store からインストールすることもできます。

Linux や macOS の場合は、ディストリビューションに Python のパッケージが含まれている場合が多く、特に Python をインストールしなくても Python を使える場合が多いでしょう。ただし、インストールされているのが Python 2 であったり、Python がインストールされていない場合は、Python の Web サイト（https://www.python.org/）から Python 3 をインストールします。

A.3　環境設定

Windows の場合、Windows のアプリケーションリストやスタートメニューから「Python *X.Y*」（*X.Y* はバージョン番号）を選び、Python（command line）や IDLE（Python GUI）

を選択して Python を実行する場合には、環境設定は特に必要ありません。

　他の OS でシステムに Python があらかじめインストールされている場合にも通常は環境設定は特に必要ありません。

　環境設定を自分で行うことが必要な場合には、環境変数 PATH に Python の実行ファイルを追加することが必要になる場合があります。環境設定が行われているかどうかは、コマンドプロンプト（システムによって、端末、ターミナル、Windows PowerShell など）で「Python」を入力してみて、Python を起動してみるとわかります。Python が起動しない場合は環境変数 PATH に Python の実行ファイルがあるパスを指定してください。

　また、必要に応じて Python のスクリプト（.py）ファイルを保存するための作業ディレクトリを作成してください。

　なお、プログラミングではファイルの拡張子（ファイル名の最後の「.」より後ろの文字列）が重要な意味を持つので、Windows のようなデフォルトではファイル拡張子が表示されないシステムの場合、ファイルの拡張子が表示されるようにシステムを設定してください。

A.4　パッケージの追加インストール

　Python 環境をインストールした際に標準パッケージは自動的にインストールされますが、その他のパッケージ（モジュール）は別途インストールする必要があります。

　標準パッケージ以外のパッケージを利用する場合は、pip を利用してパッケージをインストールします。pip は Python のパッケージ管理ツールです。Python をインストールした時に標準でインストールされています。

　パッケージをインストールするときには次のコマンドを使うことを推奨します。

```
python -m pip install パッケージ名
```

　この方法でインストールすることで、実際に使うバージョンのパッケージを間違いなくインストールすることができます。たとえば、Python を「py」で起動するようなシステムを使っているなら、次のコマンドでインストールします。

```
py -m pip install パッケージ名
```

　なお、このような方法でインストールできない環境の場合は、次のコマンドを使います。

```
pip install パッケージ名
```

また、pip をアップグレードするようにというメッセージが出力されたときには、先に次の
コマンドを実行します。

```
pip install --upgrade pip
 （または）
python -m pip install --upgrade pip
```

Linux など UNIX 系 OS で apt をサポートしている場合に、特定のパッケージをインストー
ルするときには、典型的には次のコマンドを使います。

```
sudo apt install パッケージ名
```

たとえば、idle パッケージをインストールするには次のようにします。

```
sudo apt install idle
```

A.5　ウェブサイト

　Python のプログラムを作成・編集して実行することができるオンラインの実行環境を提供
しているサイトがあります。ただし、主な目的は Python の基礎的な学習になり、あまり高度
なことはできません。また、実質的にはウェブサイトにデータを送ってそちらでプログラムを
実行し、その結果を得て表示する仕組みなので、コードを入力するごとに自動的に実行したり、
実行結果（値）を逐一表示することはできません。典型的には、コードをセルに入力してから
［実行］ボタンをクリックすることで実行します。また、値を出力したいときには print() を使
う必要があります。

A.5.1　The Coding Ground

　このサイトではさまざまなプログラミング言語のコードを実行することができます。
　Python のプログラムを試すときには、次のサイトを開きます。

```
https://www.tutorialspoint.com/online_python_compiler.php
```

そして、Python のプログラムを入力して［Execute］をクリックして実行します。

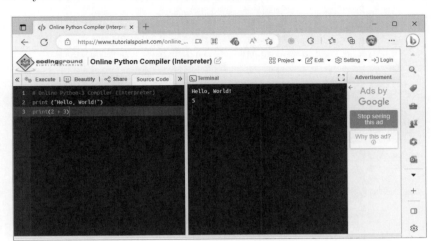

図 A.1　codingground（Online Python Compiler）

A.5.2　paiza.io

このサイトではさまざまなプログラミング言語のコードを実行することができます。
Python のプログラムを試すときには、次のサイトを開きます。

```
https://paiza.io/ja/projects/new?language=python3
```

表示されたサイトのコード欄にプログラムを入力して［実行］をクリックして実行します。

A.5.3　Google Colaboratory

このサイトでは Python のコードを実行することができます。
Python のプログラムを試すときには、次のサイトを開きます。

```
https://colab.research.google.com/notebooks/welcome.ipynb
```

そして、［+ コード］をクリックすると Python のプログラムをセルに入力し、［セルを実行］
をクリックして実行することができます。

図 A.2　paiza.io のサイトの使用例

A.6　パッケージとツール

　ここでは Python のプログラム作成に使うことができる主なパッケージとツールを紹介します。なお、さまざまなツールや IDE で Python の開発環境を構築することについては本書の範囲を超えるので、詳しくは他の資料を参照してください。

A.6.1　Jupyter Notebook

　Jupyter Notebook は、Python のプログラムを Web ブラウザ上で記述・実行できる統合開発環境です。

　Jupyter Notebook を使う場合には、Python だけではなく Python のプログラムを実行してクライアントに送り返すサーバーも起動するので、十分な性能のコンピューターでないとパフォーマンスの点で問題が発生することがあります。

　Jupyter Notebook は、このあとで紹介する Anaconda にも含まれています。そのため、Anaconda をインストールすると Jupyter Notebook もインストールされます。

　Jupyter Notebook だけをインストールするには Python のパッケージ管理ツール pip を利用して次のコマンドを実行します。

```
pip install --upgrade pip
pip install jupyter
（または）
python -m pip install --upgrade pip
```

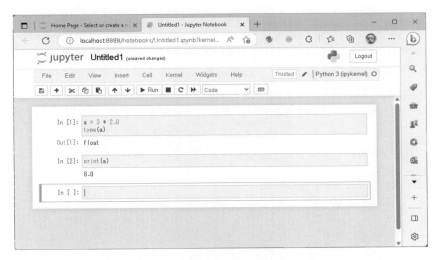

図 A.3　Jupyter Notebook の使用例

```
python -m pip install jupyter
```

Jupyter Notebook だけをインストールすると、Anaconda をインストールするより容量を節約できます。

A.6.2　Anaconda

Anaconda は、Python でプログラミングする際によく使われるパッケージをまとめてインストールしたり管理することができるディストリビューションのことです。Python をインストールしただけだと、あとから必要なパッケージをインストールする必要がありますが、Anaconda はデータを扱うという観点から必要なパッケージがまとめてインストールされるので、あとから個別にインストールする必要がほぼなくなります。

Anaconda は以下のサイトからダウンロードしてインストールすることができます。

```
https://www.anaconda.com/download/
```

なお、Anaconda はさまざまなツールやパッケージをまとめてインストールするため、必要な容量が大きくなるので、環境によっては必ずしも推奨できません。

A.6.3 Eclipse

Eclipse は無償で使うことができる IDE（統合開発環境）で、Python のほかに Java、PHP、C/C++ などにも対応しています。日本語 Windows 環境では、日本語化された Eclipse である Pleiades を使うのが一般的です。

Python を含むパッケージをインストールすると Python を IDE から実行することができます。

Pleiades のダウンロードサイトは下記の通りです。

```
https://mergedoc.osdn.jp/
```

ここからバージョン（2023 など）を選択して、さらに Python か Ultimate のパッケージをダウンロードして解凍します。

Python のプログラムを Eclips（Pleiades）で作成して実行するためには、新しい Python のプロジェクトを作成してソースファイルを追加し、プログラムを入力して実行します。

Eclips を起動するとワークスペース（Workspace）を入力するダイアログボックスが表示されます。ここには希望するワークスペース名を入力しますが、わからなければデフォルト（`../workspace`）のままでもかまいません。

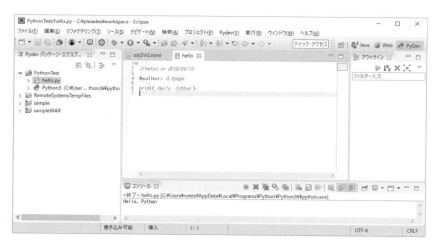

図 A.4　Eclipse で Python のプログラミングを行っている例

A.6.4 Visual Studio Code

VS Code と省略されることも多い、Microsoft が提供している無償で使うことができるコードエディターで、プログラムコードを編集できるだけではなく、Python 用に環境設定するこ

とでプログラムを実行することもできます。また、Jupyter Notebook もサポートしています。
次のサイトからインストールすることができます。

https://azure.microsoft.com/ja-jp/products/visual-studio-code

付録B

トラブルシューティング

ここでは、よくあるトラブルとその対策を概説します。

B.1　Pythonの起動

Pythonを起動するために発生することがあるトラブルとその対策は次の通りです。

B.1.1　Pythonが起動しない

- システムにPythonをインストールする必要があります。pythonの代わりに環境に応じて、python3、python3.10、bpython、bpython3などのコマンドをインストールしてもかまいません。
- もっとも一般的なコマンドの名前はすべて小文字のpythonです。しかし、Pythonの起動コマンドの名前はそれ以外に、py、python3、python3.*x*、bpython、bpython3などである場合があります。
- Pythonが存在するディレクトリ（フォルダ）にパスが通っていないとPythonが起動しません。パスを通すという意味は、環境変数PATHにPythonの実行可能ファイルがあるディレクトリが含まれているということです（Windowsのインストーラーでインストールした場合は正しく設定されているはずです）。
- Pythonが起動するかどうかは、Pythonのコマンド名に引数-Vを付けて実行し、バージョンが表示されるかどうかで調べることができます。

```
>python -V
Python 3.11.1
```

B.1.2 スクリプトを実行できない

- スクリプトファイルがあるディレクトリをカレントディレクトリにするか、あるいは、相対パスまたは絶対パスでスクリプトファイルの名前だけでなくファイルがある場所も指定してください。

B.2 Python 実行時のトラブル

Python を起動したあとや、Python でスクリプトファイル（.py ファイル）を実行する際に発生することがあるトラブルとその対策は次の通りです。

B.2.1 認識できないコードページであるという次のようなメッセージが表示される

```
Fatal Python error: Py_Initialize: can't initialize sys standard streams
LookupError: unknown encoding: cp65001
This application has requested the Runtime to terminate it in an unusual way.
Please contact the application's support team for more information.
```

- Windows のコマンドプロンプトの場合、コードページ 65001 の UTF-8 か、コードページ 932 のシフト JIS に設定されているでしょう。chcp コマンドを使ってコードページを変更してください。コードページを 932 に変更するには、OS のコマンドプロンプトに対して「chcp 932」と入力します。
- Windows の種類によっては、コードページが 932 の cmd.exe（C:¥Windows¥System32¥cmd .exe）のコマンドプロンプトから実行すると、この問題を解決できる場合があります。

B.2.2 「No module named 'xxx'」が表示される

- *xxx* モジュールが検索できないか、インストールされていません。モジュールにアクセスできるようにするか、あるいは、サポートしているバージョンのモジュール（パッケージ）をインストールしてください。バージョンの異なるモジュールをインストールしていてもインポートできません。
- 環境変数 PATH に Python の実行ファイルとスクリプトがあるパス（PythonXY;PythonXY ¥Scripts など）を追加してください。
- 環境変数 PYTHONPATH にモジュールがある場所を追加して、モジュールにアクセスでき

るようにしてください。

- 見つからないと報告されているモジュールを、実行するプログラム（スクリプト）と同じフォルダ（ディレクトリ）にコピーしてください。
- 大文字/小文字を実際のファイル名と一致させてください。
- Python のバージョンをより新しいバージョンに更新してください。

B.2.3 「IndentationError: unexpected indent」が表示される

- インデントが正しくないとこのメッセージが表示されます。
- 多くの他のプログラミング言語とは違って、Python ではインデントが意味を持ちます。前の行より右にインデントした行は、前の行の内側に入ることを意味します。
- インデントすべきでない最初の行の先頭に空白を入れると、このメッセージが表示されます。たとえば、単純に式や関数などを実行するときにその式や関数名の前に空白を入れるとエラーになります。

B.2.4 「SyntaxError」が表示される

- プログラムコード（文）に何らかの間違いがあります。コードをよく見て正しいコードに修正してください。

B.2.5 「NameError: name 'xxx' is not defined」が表示される

- 定義してない名前を使っています。タイプミスがないか調べてください。
- インポートするべきモジュールを読み込んでないときにもこのエラーが表示されます。

B.2.6 「AttributeError: 'xxx' object has no attribute 'yyy'」が表示される

- *xxx* というオブジェクトの属性（またはメソッド）*yyy* が存在しません。名前を間違えていないか、あるいはタイプミスがないか調べてください。

B.2.7 「(null): can't open file 'xxx.py': [Errno 2] No such file or directory」が表示される

- Python のスクリプトファイル *xxx*.py がないか、別のフォルダ（ディレクトリ）にあります。OS の cd コマンドを使ってカレントディレクトリを目的のスクリプトファイルがある場所に移動するか、あるいは、ファイル名の前にスクリプトファイルのパスを指定してください。

B.2.8 　「SyntaxError: Missing parentheses in call to 'xxx'.」が表示される

- Python 3.0 以降は、関数の呼び出しに () が必要です。たとえば、「print('Hello')」とする必要があります。Python 2.x では「print 'Hello'」で動作しましたが、これは古い書き方であり、Python 3.0 以降では使えません。古い書籍や資料、Web サイト、サンプルプログラムなどを参考にする場合には対象としている Python のバージョンに注意する必要があります。

付録C

参考資料

ここには役立つ Python のサイトを掲載します。

- Python のサイト
  https://www.python.org/
- Python のドキュメント
  https://docs.python.jp/3/
- 日本 Python ユーザー会の Web サイト
  http://www.python.jp/
- Python Numpy チュートリアル
  https://avinton.com/academy/python-numpy-tutorial-japanese/
- SymPy ドキュメント
  https://docs.sympy.org/latest/index.html

索引

記号・数字

-	166
:	31, 72
...	47
'	5
[]	30
*	40
**	41
/	40
//	41
&	44
%	41
|	44, 165
#	5, 18
^	45, 166
<<	42
==	47
>>	43
>>>	3
~	45
2 進数	15
2 の補数	28

A

abs()	55
Anaconda	207

B

bin()	15, 37
BMI	8

E

e	19
E	19
Eclipse	208
else	46
except	25
exit()	5

F

False	18, 46

F

float()	23
for 文	89
Fraction()	168

G

Google Colaboratory	205

H

hex()	16, 38

I

if 文	46
import	26
input()	21
int()	17, 24

J

j	20
J	20
Jupyter Notebook	206

L

list()	34

M

matplotlib	75
matplotlib.pyplot.hist()	178
matplotlib.pyplot.scatter()	180

N

numpy	75
numpy.average()	174
numpy.bincount()	175
numpy.max()	175
numpy.median()	175
numpy.min()	175
numpy.polyfiy()	190
numpy.roots()	63
numpy.std()	177
numpy.var()	176

O

oct() 16

P

paiza.io 205
pdf() 182
print() 6
pyplot 178

Q

quit() 5

R

range() 34

S

set() 166
statistics モジュール 174
Symbol 59
sympy 58
sympy.expand() 59
sympy.factor() 62
sympy.solve() 67
sys.exit() 25

T

The Coding Ground 204
True 18, 46
try 25
type() 19

V

Visual Studio Code 208

あ

あまり 41
一次方程式 63
インデックス 30
インデント 46, 72

か

回帰直線 188
回帰分析 188
拡張子 9
確率 167
確率密度関数 182
加減法 67
加重平均 174
仮数部 20
関数 72
関数（数学）......................... 71

偽 18, 46
機械学習 200
基数 17
期待値 170
逆行列 140
行 136
行ベクトル 137
行列 136
空集合 166
組み込み関数 79
原始関数 159
公差 133
高次方程式 66
公比 134
誤差 52
弧度法 109
コメント 5, 18
混在リスト 33

さ

最小二乗法 189
最小値 175
最大値 175
最頻値 175
差集合 166
散布図 180
三平方の定理 123
指数形式 19
指数部 20
実行 9
実数 18, 28
シフト演算 42, 43
集合 163
循環小数 55
条件判断 46
初項 133, 134
真 18, 46
真偽値 18
シンボル 59
数値に変換 23, 24
スカラー 126
スクリプトファイル 8
正規分布 181
整数 13, 28
整数の割り算 41
成分 136
積事象 170
積集合 165
積分定数 160

た

対称差 …………………………… 166
代入法 …………………………… 67
多項式回帰 ……………………… 193
タプル …………………………… 35
単位行列 ………………………… 137
中央値 …………………………… 175
ディープラーニング …………… 200
導関数 …………………………… 153
統計学 …………………………… 172
等差数列 ………………………… 133
等比数列 ………………………… 134
度数法 …………………………… 108

な

二次方程式 ……………………… 64
入力 ……………………………… 21

は

排他的論理和 …………………… 45
配列 ……………………………… 30
パッケージ ……………………… 82
反転 ……………………………… 45
比較演算子 ……………………… 48
ヒストグラム …………………… 178
ピタゴラスの定理 ……………… 123
微分 ……………………………… 151
微分係数 ………………………… 153
微分する ………………………… 153
標準偏差 ………………………… 176
標本 ……………………………… 172
複素数 …………………………… 20
符号部 …………………………… 20
不定積分 ………………………… 159
浮動小数点数 …………………… 20
部分集合 ………………………… 164
プロンプト ……………………… 4, 47
分散 ……………………………… 176
平均値 …………………………… 173
べき乗 …………………………… 41
ベクトル ………………………… 125
偏差値 …………………………… 184
変数 ……………………………… 14
母集団 …………………………… 172

ま

無限小数 ………………………… 55
無作為標本 ……………………… 172
文字式 …………………………… 57
モジュール ……………………… 82

文字列 …………………………… 5
文字列のリスト ………………… 32

や

要素 …………………………… 30, 163

ら

ライブラリ ……………………… 82
リスト …………………………… 30
例外 ……………………………… 25
例外処理 ………………………… 25
列 ………………………………… 136
列ベクトル ……………………… 137
連立方程式 ……………………… 66
論理積 …………………………… 44
論理和 …………………………… 44

わ

和事象 …………………………… 168
和集合 …………………………… 165

■著者プロフィール

日向 俊二（ひゅうが・しゅんじ）

フリーのソフトウェアエンジニア・ライター。
前世紀の中ごろにこの世に出現し、FORTRAN や C、BASIC でプログラミングを始め、その後、主にプログラミング言語とプログラミング分野での著作、翻訳、監修などを精力的に行う。
わかりやすい解説が好評で、現在までに、C#、C/C++、Java、Visual Basic、XML、アセンブラ、コンピュータサイエンス、暗号などに関する著書・訳書多数。

Python で学ぶやさしい数学

2023 年 8 月 10 日 初版第 1 刷発行

著　者	日向 俊二
発行人	石塚 勝敏
発　行	株式会社カットシステム
	〒 169-0073 東京都新宿区百人町 4-9-7 新宿ユーエストビル 8F
	TEL (03)5348-3850　FAX (03)5348-3851
	URL https://www.cutt.co.jp/
	振替 00130-6-17174
印　刷	シナノ書籍印刷 株式会社

本書に関するご意見、ご質問は小社出版部宛まで文書か、sales@cutt.co.jp 宛に e-mail でお送りください。電話によるお問い合わせはご遠慮ください。また、本書の内容を超えるご質問にはお答えできませんので、あらかじめご了承ください。

Cover design Y.Yamaguchi　© 2023 日向俊二
Printed in Japan　ISBN978-4-87783-543-9